SOBRE A VONTADE NA NATUREZA

Livros do autor na Coleção **L&PM** POCKET

A arte de escrever (também disponível em formato 14x21cm na série L&PM Clássicos)
Sobre a vontade na natureza

ARTHUR SCHOPENHAUER

SOBRE A VONTADE NA NATUREZA

Tradução do alemão, prefácio e notas de
GABRIEL VALLADÃO SILVA

www.lpm.com.br

Coleção **L&PM** POCKET, vol. 1140

Texto de acordo com a nova ortografia.

Título original: *Über den Willen in der Natur. Eine Erörterung der Bestätigungen welche die Philosophie des Verfassers seit ihrem Auftreten, durch die empirischen Wissenschaften erhalten hat*

Primeira edição na Coleção **L&PM** POCKET: dezembro de 2013
Esta reimpressão: dezembro de 2024

Tradução, prefácio e notas: Gabriel Valladão Silva
Capa: Ivan Pinheiro Machado
Revisão: Patrícia Yurgel e Simone Diefenbach

CIP-Brasil. Catalogação na Fonte
Sindicato Nacional dos Editores de Livros, RJ

S394s

Schopenhauer, Arthur, 1788-1860
  Sobre a vontade na natureza / Arthur Schopenhauer; [tradução, prefácio e notas Gabriel Valladão Silva]. – Porto Alegre, RS: L&PM, 2024.
  240 p. – (Coleção L&PM POCKET; v. 1140)

  Tradução de: *Über den Willen in der Natur*
  ISBN 978-85-254-2888-2

  1. Livre arbítrio e determinismo. 2. Filosofia alemã. I. Silva, Gabriel Valladão. II. Título. III. Série.

13-01535   CDD: 123
                         CDU: 123.1

© da tradução, prefácio e notas, L&PM Editores, 2013

Todos os direitos desta edição reservados a L&PM Editores
Rua Comendador Coruja, 314, loja 9 – Floresta – 90220-180
Porto Alegre – RS – Brasil / Fone: 51.3225.5777

Pedidos & Depto. comercial: vendas@lpm.com.br
Fale conosco: info@lpm.com.br
www.lpm.com.br

Impresso no Brasil
Primavera de 2024

Sumário

Sobre a verdade da natureza – *Gabriel Valladão Silva* ... 7

Sobre a vontade na natureza 21
    Prefácio à segunda edição (1854) 23
    Introdução 43
    Fisiologia e patologia 53
    Anatomia comparada 83
    Fisiologia vegetal 112
    Astronomia física 135
    Linguística 153
    Magnetismo animal e magia 157
    Sinologia 194
    Indicação à ética 208
    Conclusão 215
    Notas 218

Sobre a verdade da natureza

por Gabriel Valladão Silva[1]

> "Porque o homem de senso [...] não deverá se esforçar para agradar seus companheiros de escravidão."
>
> (Platão, *Fedro* 274a)

Arthur Schopenhauer tornou-se conhecido como o "filósofo do pessimismo". Certamente seria ele para nós o "filósofo que chora", caso esse epíteto já não tivesse sido atribuído anteriormente (e com bem menos razão) a Heráclito de Éfeso. De fato, a nomenclatura é correta, pois é difícil encontrar um adjetivo melhor que "pessimista" para uma filosofia que conclui que "o mundo é o *inferno* e as pessoas nele são, por um lado, as almas torturadas e, por outro, os seus demônios".[2] Em sua obra magna, *O mundo como vontade e representação* (1818), Schopenhauer pretende demonstrar que o mundo sensível, em toda sua abundância e multiplicidade, é fruto da autodilaceração contínua de uma vontade única e essencial; que a eterna luta entre os indivíduos é a maneira dessa vontade se objetivar, reduplicando-se infinitamente numa miríade de seres particulares por meio daquilo que o filósofo denomina *principium individuationis*. A vontade, por sua

---

1. Gabriel Valladão Silva é bacharel em filosofia pela Universidade Estadual de Campinas (Unicamp) e mestrando em filosofia pela mesma universidade. É tradutor de Nietzsche (*A filosofia na era trágica dos gregos*, L&PM, 2011; *Assim falou Zaratustra*, L&PM, 2013) e Walter Benjamin (*A obra de arte na era de sua reprodutibilidade técnica*, L&PM, 2013). (N.E.)

2. *Parerga e Paralipomena*, II, cap. 12, "Complementos à doutrina do sofrimento mundano", §156, p. 354. (Todas as referências à obra de Schopenhauer – salvo o texto de *Sobre a vontade na natureza* – remetem à seguinte edição: *Arthur Schopenhauer – Sämtliche Werke*. Editado por W. Frhr. von Löhneysen. Frankfurt a.M.: Suhrkamp, 1986.)

vez, objetiva-se no mundo porque precisa "dilacerar-se a si mesma, pois não existe nada fora dela e ela é uma vontade faminta".[3] Desdobrando-se no mundo da efetividade, ela "crava os dentes em sua própria carne, sem saber que fere sempre apenas a si mesma [...]. O torturador e o torturado são um".[4]

Disso segue que a satisfação das necessidades do indivíduo, a realização dos desejos particulares, tudo isso é temporário e ilusório: para Schopenhauer, o prazer é de fato apenas um momento negativo, no qual o querer é suspenso por alguns instantes, para logo ressurgir com a mesma intensidade, embora sob outra forma. A condição essencial de todo ente é a carência e, por consequência, o sofrimento; a realidade sensível em sua totalidade é simples aparência, objetivação de uma ânsia insaciável cuja satisfação no indivíduo é sempre somente relativa e leva apenas à transformação da necessidade, mas jamais à sua extinção: a existência "oscila como um pêndulo para lá e para cá entre a dor e o tédio".[5]

Em face desse quadro nefasto, Schopenhauer vislumbra uma única saída para o indivíduo, apenas uma maneira de deixar o ciclo interminável de nascimento, sofrimento e morte: a *negação da vontade*. Negar a vontade significa suspender o querer, rasgar o véu de Maia, negar a própria individualidade, de modo a retornar à unidade essencial do mundo, não mais se deixando afetar pelas vicissitudes da realidade ilusória do vir a ser e perecer. É isto que caracteriza o pessimismo radical de Schopenhauer: a única maneira de nos redimirmos de nossa existência é deixando-a, negando-a – pois sua essência mesma é e sempre será carência e sofrimento.

---

3. *O mundo como vontade e representação*, I, 2, § 28, p. 227.

4. *O mundo como vontade e representação*, I, 4, § 63, p. 484.

5. *O mundo como vontade e representação*, I, 4, § 57, p. 428.

Os parágrafos acima resumem brevemente aquilo que denominamos normalmente filosofia schopenhaueriana: a essência do mundo é sofrimento, todo prazer é ilusório, logo a única via segura para escapar do sofrimento é a negação do querer. Se considerarmos essa doutrina da negação da vontade como o centro do pensamento de Schopenhauer, é bem certo que um texto como *Sobre a vontade na natureza* (1836) permanecerá na periferia. Mas o pessimismo, a negação da vontade, a negação do mundo – enfim, essa estranha doutrina que provoca até hoje reações tão ambíguas, do desprezo à admiração – constituem somente o resultado de sua filosofia, sua face dogmática, por assim dizer. O pensamento de Schopenhauer não se esgota aqui; ele é muito mais vasto que isso.

Não basta, portanto, para avaliar o real valor de uma obra como *Sobre a vontade na natureza* – em que o autor percorre todos os âmbitos da natureza em busca de correspondências com sua doutrina que possam fortalecer a verdade metafísica por ela estabelecida –, constatar que Schopenhauer considerava o mundo ruim e as pessoas ainda piores. Pelo contrário, esse escrito, que o próprio autor recomenda como o "suplemento essencial" ao livro 2 de sua obra magna, onde é exposta a sua metafísica da vontade, suscita questões de ordem totalmente distinta – questões que, como trataremos de demonstrar, são talvez capazes de atingir novas profundidades do pensamento schopenhaueriano.

A primeira questão que surge em face de um texto como esse é, portanto: qual a necessidade que movia Schopenhauer a escrever sempre renovados "adendos", "complementos", "confirmações" e "suplementos" à sua doutrina? E, mais além: talvez um esclarecimento acerca dessa necessidade hiperbólica de fundamentação de sua doutrina na efetividade nos dê também algumas indicações para novas maneiras de tratar a questão de como ele teria chegado ao próprio núcleo ético desta, a um tão duro juízo de condenação sobre o mundo como o é o pessimismo schopenhaueriano.

Nascido em Danzig (hoje Gdańsk, na atual Polônia), em 1788, o pequeno Arthur deixou a cidade com cinco anos, acompanhando a fuga de seu pai, o comerciante Heinrich Floris Schopenhauer, do domínio prussiano. Passou boa parte da infância em Hamburgo. As principais marcas deixadas por esse período de sua vida, porém, não provêm do lar, mas das viagens que fez com seus pais, durante as quais, sob recomendação destes, preenchia diários com anotações.

Heinrich Floris – para quem era de grande importância que o filho aprendesse, acima de tudo, com o "livro do mundo" – impôs-lhe, como condição para que o acompanhasse em suas viagens, que tomasse aulas de negócios. O jovem, que desde cedo demonstrava aptidão para a vida intelectual, não era muito afeito a essas aulas. Apesar disso, não deixou de frequentá-las, por amor à viagem. "Ver e experimentar é tão necessário quanto ler e aprender"[6], escreverá ele mais tarde, ressaltando o valor da sabedoria mundana para o trabalho filosófico. Também em *Sobre a vontade na natureza*, um texto já mais tardio do filósofo, ecoa, por quase toda parte, essa noção essencial de que a verdadeira filosofia deve *servir à vida*, e não à cátedra, e portanto não pode se fundamentar em livros, mas somente no próprio mundo.

Com a morte do pai, em 1805, a mãe, Johanna, com a qual Arthur nunca tivera uma boa relação, muda-se com sua filha mais nova, Adele, para Weimar. Após insistentes pedidos à mãe, o jovem abandona as aulas de negócios e

---

6. HÜBSCHER, A. *Arthur Schopenhauer – Leben und Werk in Texten und Bildern*. Frankfurt a.M.: Insel, 1989; p. 178.

inicia seus estudos clássicos em Gotha, de onde é suspenso no ano seguinte. Muda-se então para Weimar, onde logo passa a viver com seu professor de grego, Franz L.C.F. Passow. Apesar das desavenças com a mãe, ele não deixará de frequentar o salão de Johanna, pelo qual circulavam alguns dos mais importantes artistas e intelectuais da época, inclusive o próprio Goethe, na época o centro vivo da cultura alemã, com o qual o jovem Schopenhauer mantém uma relação relativamente próxima.

Em 1809, aos 21 anos de idade, inicia seus estudos na Universidade de Göttingen. Tendo ingressado primeiramente no curso de medicina, ele se decide, após um ano, pela filosofia, sob influência de seu professor, Gottlob Ernst Schulze. Este, notando o talento do jovem, aconselha-o a começar os estudos pelas filosofias de Platão e Kant, as quais viriam, mais tarde, a constituir a base de seu próprio pensamento.

"A filosofia", escreve, após o primeiro ano de estudos,

> é uma senda alpina pelas alturas; até ela leva apenas um caminho íngreme por sobre pedras e espinhos pontiagudos: ele é solitário, e torna-se cada vez mais ermo na medida em que se o percorre; e quem anda nele não pode conhecer temor algum, mas, ao contrário, deve deixar tudo para trás e seguir confiante seu caminho gélido pela neve.[7]

O caminho do filósofo pode ser árduo, a noite que ele atravessa pode ser gélida e espessa; ele, porém, persiste, na confiança de que também o seu dia irá raiar: o filósofo "encontra-se sempre na pura e fria atmosfera alpina, e já vê o sol quando lá embaixo ainda reina a noite escura". Essa anotação do jovem Schopenhauer, além de, como

---
7. Op. cit. HÜBSCHER (1989), p. 85.

veremos adiante, dizer muito acerca da natureza de seu gênio filosófico, parece também preconizar os anos seguintes de sua vida. Em 1811, muda-se para Berlim, em cuja universidade recém-inaugurada frequenta aulas de filósofos renomados como Fichte e Schleiermacher. Seus cadernos de anotações dessa época já revelam um espírito altamente crítico em relação às doutrinas de seus mestres. Ao final dos estudos, muda-se para a pequena Rudolstadt, onde redige sua tese de doutorado, *Sobre a quadrúplice raiz do princípio de razão suficiente* (1813), defendendo-a em Jena, *in absentia*, aos 25 anos de idade. Após passar um breve período no lar de sua família, em Weimar, as constantes desavenças com a mãe o levam a mudar-se para Dresden, onde se dedicará a escrever sua obra magna, *O mundo como vontade e representação*, lançada em 1818. O livro, porém, é um fracasso. Boa parte da primeira edição é transformada em papel de rascunho. É nesse período que Schopenhauer experimentará na pele, do modo mais intenso, o ostracismo de seus contemporâneos.

Em 1820, após retornar de uma longa viagem à Itália devido à falência do estabelecimento herdado de seu pai, Schopenhauer leciona durante um semestre na Universidade de Berlim, onde também se encontrava Hegel, na época o mais famoso filósofo da Alemanha. Esse período, o único como professor universitário, revela-se uma experiência catastrófica, que serve apenas para intensificar seu já nascente desafeto em relação à filosofia acadêmica, cujo reflexo permeia as páginas de boa parte de seus escritos do período frankfurtiano, especialmente as de *Sobre a vontade na natureza*. Nesse texto, o prefácio e a introdução são dedicados quase que exclusivamente à crítica do metiê universitário de seu tempo. O filósofo acadêmico, diz ele, tem de agradar ao público, que lhe confere seu status; ao Estado, que lhe confere seu cargo:

"pois o mundo quer ouvir que é louvável e excelente, e os filósofos querem agradar ao mundo. Comigo é diferente: eu vi o que agrada ao mundo, e por isso mesmo não me afastarei um passo sequer do caminho da verdade para agradar-lhe".[8] E, de fato, não está nos planos de Schopenhauer agradar ao mundo. Ele escolhe dar seu curso no mesmo horário do de Hegel (um "insolente lambuzador de absurdos", segundo Schopenhauer), tendo assim, devido à grande popularidade de seu rival, um contingente muito reduzido de alunos. Ao final do período letivo deixa a academia, convencido de que aquele que quiser de fato ser um filósofo verdadeiro "deverá renunciar à felicidade de ser um filósofo estatal ou catedrático. Ele será, no máximo, um filósofo de edícula".[9]

Após algumas outras tentativas malogradas de ingressar no meio universitário, Schopenhauer muda-se para Frankfurt am Main, afastando-se definitivamente da academia e realizando, de certo modo, seu ideal de "filósofo de edícula". Lá escreverá, após "um silêncio de dezessete anos", fruto da decepção com a recepção de sua obra, além de *Sobre a vontade na natureza* e dois outros textos acerca das implicações éticas de seu sistema, também o segundo volume de *O mundo como vontade e representação*, publicado em 1844, juntamente com a (tão esperada) segunda edição de sua obra magna. Alguns anos depois redige *Parerga e paralipomena* (1851) – latim para "adendos e complementos" –, obra que irá por fim alçá-lo à fama nos últimos anos de vida. Após ter finalmente emergido do ostracismo com esta última obra, Schopenhauer ainda viverá para ver publicadas a segunda edição de *Sobre a vontade na natureza* (1854) e a terceira edição

---

8. *Sobre a vontade na natureza*, p. 212.

9. *Idem*, p. 216.

de sua obra magna (1859), antes de morrer devido a uma inflamação pulmonar, em 1860, aos 72 anos de idade.

Pouco antes da morte, ele recomenda a seu editor, Julius Frauenstädt, que a edição de suas obras completas carregue como epígrafe a expressão latina *non multa*, isto é, "não muito": com efeito, sua obra publicada ocupa um espaço modesto de apenas cinco volumes. Mas isso tem suas vantagens: "Embora tenha escrito pouco, eu o fiz, porém, refletidamente e durante *longos* períodos [...]. Por isso, aquele que quer aprender comigo e me compreender não pode deixar de ler nada que eu tenha escrito".[10]

Legor et legar, "leem-me e ler-me-ão", exclama Schopenhauer em tom triunfal no prefácio à segunda edição de *Sobre a vontade na natureza*. Mas como? Não tinha sido ele o primeiro a desprezar o "aplauso prostituído" de seus contemporâneos? Como pode nos dizer agora que "é animador ver o público demonstrar interesse pela filosofia", fazer recomendações àquele "que quer aprender comigo"? Não é fácil harmonizar a doutrina pessimista de Schopenhauer com o seu desejo ardente de divulgá--la, de polemizar com seus rivais, de confirmá-la perante todos, de todas as maneiras possíveis – desejo este que é expresso de maneira excepcionalmente explícita em *Sobre a vontade na natureza*. Pois aqui ele se propõe a buscar, nas ciências empíricas, no uso corriqueiro da linguagem, no budismo, no magnetismo animal e na magia, correspondências que corroborem a sua afirmação de que

> não somente as ações arbitrárias de entes animais, mas também o maquinário orgânico de seu corpo vivente, até mesmo a sua forma e constituição, mais além também

---

10. Op. cit. HÜBSCHER (1969), p. 354.

> a vegetação das plantas, e finalmente no próprio reino inorgânico a cristalização e toda força originária em geral que se manifesta em aparições físicas e químicas, até mesmo a própria gravidade – são, em si e fora da aparição (o que significa, simplesmente: fora de nossa cabeça e de sua representação), absolutamente idênticos àquilo que encontramos em nós mesmos como *vontade*, da qual possuímos o conhecimento mais imediato e íntimo possível;[11]

uma verdade que, no entanto, como ele mesmo diz, é "de tipo completamente distinto" daquela das ciências, provinda "de um lado totalmente outro, de nosso próprio interior, [...] revelado ao nosso intelecto, o qual por si só, tem acesso apenas ao que lhe é externo".[12]

Mas um olhar mais aproximado nos mostra que é justamente aqui que se encontra o elemento central de *Sobre a vontade na natureza*: a verdade efetivamente filosófica sobre o mundo não provém dele mesmo enquanto "mera representação"; ela origina-se em um reconhecimento da própria essência do indivíduo como vontade. Tendo uma origem subjetiva, esse reconhecimento precisa ser transposto de algum modo do interior da individualidade para os domínios da natureza; mas, embora perante a inteligência limitada dos homens essa verdade efetivamente se fortaleça com isso, a finalidade principal de *Sobre a vontade na natureza* não é, como o subtítulo do texto poderia parecer indicar, a busca pela simples confirmação das noções metafísicas de Schopenhauer no campo das ciências empíricas. Pelo contrário, ele pretende, por meio deste escrito, mostrar como a verdade filosófica que ele encontrou no interior do próprio indivíduo acrescenta à natureza como um todo uma significação que as ciências, deixadas a si, jamais obteriam por conta própria. Mas que tipo de significação

---

11. *Sobre a vontade na natureza*, p. 45.

12. *Idem*, p. 147-148.

seria essa? O que é, afinal, a verdade metafísica, em face da qual a explicação física do mundo se torna de súbito tão insuficiente? Que mundo essencial é esse de onde sopram os ventos da verdade que recobrem o nosso mundo das aparências com um significado todo especial?

Em certo sentido, essa brisa não bate apenas para Schopenhauer: o século XIX fervilha com figuras como Auguste Comte e Allan Kardec, que tentavam, cada um a seu modo, investir a ciência de uma aura de verdade religiosa ou mística, ou a religião e o misticismo de um teor científico de verdade, no que se configurava aos poucos como um verdadeiro turbilhão. Que Schopenhauer partilhe dessa desconfiança de que a "luz da razão" – sob a qual haviam sido erigidos os grandes edifícios especulativos do racionalismo, de Descartes a Wolff – seria inadequada para iluminar os obscuros domínios da metafísica é algo evidente. Kant fora o primeiro a denunciar a metafísica especulativa como um "tatear" às cegas[13], e o traço distintivo de sua filosofia transcendental consiste, em primeiro lugar, em uma restrição do uso das faculdades intelectuais – chamadas por ele de "categorias do entendimento" – ao campo da experiência. Schopenhauer expressará essa verdade, que dá o tom decididamente idealista à sua filosofia, do seguinte modo: todo objeto do conhecimento é um objeto *para um sujeito*, sendo impossível conhecê-lo puramente e em si. Todo conhecimento está atado a essa dualidade sujeito-objeto, e qualquer tentativa de conhecer este último tal qual ele é em si, fora dessa relação com o sujeito, está fadada ao fracasso: "o mundo é minha representação".[14]

O reconhecimento de que a ciência – capaz de explicar sempre apenas o "como" das coisas, mas jamais o

---

13. KANT, I. *Crítica da razão pura*, Prefácio à segunda edição, B VII.
14. *O mundo como vontade e representação*, I, 1, § 1, p. 31.

seu "porquê"[15] – seria irremediavelmente deficitária para penetrar a essência do mundo leva Schopenhauer, assim como muitos de seus contemporâneos, a buscar refúgio em uma certa noção clássica, metafísica, da verdade como algo que emana de uma fonte essencial alheia ao mundo, até mesmo avessa a ele – um mundo real do ser, oposto ao mundo ilusório da multiplicidade sensível –, uma noção que remonta aos Vedas, a Parmênides e Platão, e que também permeia a filosofia da era cristã, ainda que sob uma forma teísta.

Mas há algo de especial no caso de Schopenhauer, que o torna único.[16] Pois a maior parte da tradição religiosa e filosófica considerou esse mundo do ser, por oposição ao da aparência, como sumamente bom e perene. Ou seja, embora encarasse o mundo da aparência sensível com desconfiança, era em geral otimista quanto à essência de nosso eu e de nossa realidade. Para essa tradição o ser é sempre um bem; logo, o ser supremo que confere realidade a tudo que há de real só pode ser ele mesmo também o bem supremo. O mal, por outro lado, é carência, é submissão às vicissitudes do mundo sublunar, onde tudo passa e perece e nada é perene e duradouro. A modernidade cristã chegou até mesmo a arriscar a transferência do otimismo quanto à essência para o próprio mundo, argumentando que a criação de um Deus sumamente bom só poderia ser, ela mesma, como diria Leibniz, o "melhor dos mundos

---

15. Nos termos de Schopenhauer: "O próprio mundo só pode ser explicado a partir da vontade (uma vez que ele é a própria vontade, na medida em que aparece), e não por meio da causalidade" (*O mundo como vontade e representação*, I, "Crítica da filosofia kantiana", p. 679).

16. Também Max Horkheimer, um grande leitor de Schopenhauer, notou essa peculiaridade do sistema schopenhaueriano, a qual ele caracteriza como uma "contribuição filosófica revolucionária". Veja-se a respeito HORKHEIMER, M. "Die Aktualität Schopenhauers" [A atualidade de Schopenhauer]. In: *Gesammelte Schriften*, vol. 7, p. 130.

possíveis". Schopenhauer, porém, contesta-os: se este mundo da multiplicidade se apresenta como essencialmente ruim e inconstante, ou seja, na verdade como o *pior* dos mundos possíveis[17], não deverá sua própria essência – o mundo do ser de onde emanam o sentido e a verdade de nossa realidade fugidia – dar conta, em primeiro lugar, dessa imperfeição inerente à nossa existência?

É esse questionamento sobre a qualidade de nossa essência que aparece sob a última rubrica de *Sobre a vontade na natureza*, intitulada "Indicação à ética". Nesse ponto, bem ao final do texto, as reflexões sobre as ciências empíricas tangenciam a significação ética, pessimista, de seu sistema. Schopenhauer propõe-se, nessa última seção do texto,

> o difícil problema de comprovar, contra toda experiência, que a ordem física das coisas seja dependente de uma ordem moral, encontrar uma correlação entre a força que, agindo segundo leis naturais eternas, confere existência continuada ao mundo, e a moralidade que habita o peito humano.

Ou seja, a questão fundamental que deve ser respondida por uma filosofia como a de Schopenhauer, que se propõe servir à vida, é: qual o *valor inerente* de nossa existência? É certo que uma filosofia ganha força ao ser apoiada por certas descobertas científicas – mas é principalmente a ciência que é iluminada aqui pelo saber filosófico essencial, a consideração ética do mundo. "Kant", lê-se, na primeira seção do texto, "ensinou que devemos tomar os homens como fins e jamais como meios: que a filosofia devesse ser tida somente como fim, jamais como meio, ele acreditava nem mesmo precisar dizer."

---

17. *O mundo como vontade e representação*, II, cap. 46 "Da nulidade e do sofrimento da vida", p. 748.

"Filosofia como fim" – é esse o primeiro princípio do pensamento schopenhaueriano, do qual todo pessimismo é mera consequência. Nesse contexto, *Sobre a vontade na natureza* aparece como muito mais do que um simples hino à empiria e à clareza de discurso. Ciência empírica e metafísica iluminam-se mutuamente; mas são luzes de categorias distintas: enquanto a iluminação gerada pela ciência, recaindo sobre os objetos, é sempre apenas parcial e relativa, o conhecimento da verdade sobre a essência, por outro lado, emite uma luz de natureza totalmente distinta, que ilumina cada objeto a partir de dentro, conferindo-lhe um valor ético absoluto. Trata-se aqui, como se vê, de muito mais do que um mero corolário das confirmações da doutrina da vontade como essência do mundo da representação; *Sobre a vontade na natureza* é, em primeiro lugar, uma conversão em massa, um verdadeiro alistamento militar. Da fisiologia ao magnetismo animal e à magia, da astronomia às religiões orientais, Schopenhauer percorre todos os campos do conhecimento humano em busca de recrutas para o seu exército. No mais, deveria ser de interesse das próprias ciências verem-se apoiadas por uma metafísica. Todos devem decidir: estarão a favor da verdade ou contra ela?

E eis que, mais de 150 anos após sua morte, a verdade schopenhaueriana – e talvez a própria noção filosófica de verdade em geral – se vê transformada em figura de museu. Ironicamente, a metafísica de Schopenhauer tornou-se objeto de debate quase que exclusivo das academias – os museus do pensamento –, tão criticadas por ele. Estaremos, ao agir desse modo, apreciando realmente o seu legado mais precioso, seu espírito filosófico, *petulantemente* filosófico?

A filosofia de Schopenhauer é um tesouro que segue em grande parte inexplorado. Espantamo-nos com os bizarros ornamentos fúnebres produzidos em suas conclusões, mas menosprezamos na maioria das vezes a preciosidade do material e a diligência do artífice. Com esta edição, devolvemos ao público uma pequena parte da grandiosa obra desse filósofo implacável, que considerava a filosofia, enquanto "puro serviço à verdade", "a maior aspiração da humanidade". Que Schopenhauer não nos fique na lembrança como um mero fundador de seita, que não aceitemos ou desprezemos sua doutrina como a um dogma religioso; tudo isso é "embaraço", "subterfúgio místico", como diria um de seus mais eminentes – e rebeldes – discípulos, Friedrich Nietzsche.[18] Pelo contrário, que reaprendamos a filosofar com o espírito insubmisso que realmente foi, com Arthur Schopenhauer, um exemplo autêntico de disposição filosófica, o mártir de uma verdade tão contrária ao mundo, que era preciso deixá-lo para vivê-la.

Campinas, 16 de maio de 2012.

---

18. NIETZSCHE, F. *A gaia ciência*, 99 "Os seguidores de Schopenhauer". São Paulo: Companhia das Letras, 2001. Tradução de Paulo César Lima de Souza.

SOBRE A VONTADE NA NATUREZA

Uma discussão das confirmações que a filosofia do autor obteve das ciências empíricas desde seu aparecimento

Τοιαῦτ' ἐμοῦ λόγοισιν ἐξηγουμένου
Οὐκ ἠξίωσαν οὐδὲ προσβλέψαι τὸ πᾶν
Ἀλλ' ἐκδιδάσκει πάνθ' ὁ γηράσκων χρόνος.

[Teci no tear dos pensamentos a minha trama;
Eles consideraram que não valia a pena lhe dar atenção;
Mas o tempo torna tudo progressivamente evidente.]
ÉSQUILO [Prometeu, 214f., 981]

Prefácio à segunda edição (1854)

Vivenciei a alegria de poder aplicar também a esta pequena obra a segunda mão de retoques – após dezenove anos; e ela foi tanto maior pelo fato de esta obra ser de importância especial para minha filosofia. Pois, partindo do puramente empírico, das observações de pesquisadores da natureza que seguem imparcialmente os caminhos de suas ciências específicas, chego, aqui, sem mediações, ao cerne mesmo de minha metafísica, estabeleço os pontos de interseção dela com as ciências naturais e forneço, assim, de certo modo, a prova real para meu dogma fundamental, o qual, justamente por isso, obtém também a sua fundamentação mais precisa e específica, penetrando a compreensão também de modo mais nítido, apreensível e preciso do que em qualquer outra parte.

Os melhoramentos dados a esta nova edição coincidem quase que completamente com os adendos, uma vez que nada que mereça ser mencionado foi removido e, por outro lado, acréscimos numerosos e em parte consideráveis foram inseridos.

Mas também é em geral um bom sinal que o mercado editorial tenha encomendado uma nova edição deste escrito, visto que é um indício do interesse na filosofia séria em geral e atesta que a necessidade de avanços efetivos na mesma se torna perceptível atualmente de modo mais urgente que nunca. Isso, porém, deve-se a duas circunstâncias. Por um lado, à atividade incomparavelmente assídua de diversos ramos da ciência da natureza, a qual, realizada em grande parte por pessoas que não aprenderam nada além dela, está ameaçada de levar a um materialismo estúpido, em que o mais *imediatamente* objetável não é a bestialidade moral dos resultados finais, mas a insensatez inacreditável dos primeiros princípios, que desmentem até mesmo a força vital, rebaixando a natureza orgânica a um jogo aleatório de forças químicas.[F1] Tais senhores do cadinho e da retorta devem aprender que a mera química pode até capacitar o farmacêutico, mas jamais o filósofo; igualmente, há certos outros pesquisadores da natureza aparentados ao seu espírito que devem aprender que é possível ser um zoólogo completo e ter na ponta da língua todas as sessenta espécies de macacos, e, ainda assim, se além disso não se aprendeu nada além de seu catecismo, ser, no todo, uma pessoa ignorante e pertencente ao povo. Mas esse é um caso frequente nos tempos atuais. Pessoas que não aprenderam nada além de sua química ou física ou mineralogia ou zoologia ou fisiologia arrogam-se a posição de iluminador do universo, juntando àquele o seu único outro conhecimento, a saber, aquilo que ainda lhes resta das lições de catecismo dos tempos de escola, e, se essas duas peças não se encaixam direito, tornam-se imediatamente blasfemas e em seguida vulgares e superficiais materialistas.[F2] Que tenham existido um Platão e um Aristóteles, um Locke e sobretudo um Kant, isso elas ouviram talvez alguma vez na escola, a cujo conhecimento mais profundo, porém, uma vez que essas pessoas não manuseavam cadinhos e retortas, nem empalhavam macacos, não deram valor; pelo contrário, jogando serenamente o trabalho intelectual de dois milênios pela janela, filosofam algo para o público a partir dos próprios fecundos meios espirituais, com base, por um lado, no catecismo e, por outro, no cadinho e na retorta ou no registro de macacos. A essa gente cabe a simples lição de que são ignorantes que ainda têm muito a aprender antes que possam entrar na conversa. E mesmo todos aqueles que dogmatizam dia e noite com um tal realismo ingênuo e infantil sobre a alma, Deus, o princípio do universo, átomos e afins, como se a *Crítica da razão pura* tivesse sido escrita na Lua e nenhum exemplar dela tivesse chegado à Terra, pertencem ao povo: que sejam enviados ao aposento dos criados, para que lá distribuam a sua sabedoria aos homens.[F3]

A outra circunstância que demanda avanços efetivos na filosofia é a cada vez mais preponderante descrença, a qual, apesar de todos os disfarces hipócritas e todas as aparências eclesiásticas, caminha necessária e inevitavelmente lado a lado com a progressiva expansão dos conhecimentos empíricos e históricos de todo tipo. Essa descrença ameaça repudiar, juntamente com a forma do cristianismo, também seu espírito e sentido (os quais se estendem muito além dele mesmo), substituindo-o pelo materialismo *moral*, que é ainda mais perigoso do que o materialismo químico antes mencionado. Com isso, nada faz melhor o jogo dessa descrença do que o tartufismo[1], que surge em toda parte de maneira tão impertinente, cujos jovens grosseiros, ainda segurando na mão as suas gorjetas, pregam de maneira tão untuosa e com tanta insistência que suas vozes penetram até as revistas acadêmicas editadas por academias ou universidades e os livros de fisiologia e filosofia, nos quais eles, encontrando-se no lugar completamente errado, prejudicam seu próprio fim – na medida em que se humilham.[F4] Sob essas circunstâncias, portanto, é animador ver o público demonstrar interesse pela filosofia.

---

1. Referência à comédia *O tartufo* de Molière: um impostor hipócrita. (N.T.)

Não obstante, devo partilhar uma notícia ruim com os professores de filosofia. O seu Caspar Hauser (segundo Dorguth[2]), o qual eles tinham, por quase quarenta anos, privado tão cuidadosamente de luz e ar fresco, aprisionando-o com tanta segurança, para que nenhum som pudesse revelar sua existência ao mundo – o seu Caspar Hauser emergiu! emergiu e caminha pelo mundo – alguns chegam a afirmar que se trata de um príncipe. – Ou, para falar em prosa: o que eles temiam acima de tudo, e que, portanto, unindo suas forças e com uma firmeza rara, souberam evitar com êxito por toda uma geração por meio de um silenciar tão profundo, um ignorar e ostracizar tão pacato como jamais visto – apesar de tudo, essa infelicidade realizou-se: começaram a ler-me – e não mais cessarão. *Legor et legar* [Leem-me e ler-me-ão]: é assim que é. Realmente grave e altamente inconveniente; uma verdadeira fatalidade, se não uma calamidade. É essa a recompensa por tanta lealdade, por um tão leal silenciar? Por uma união tão firme e pacata? Deploráveis cortesãos! O que se fez da promessa de Horácio:

Est et fideli tuta silentio
Merces, –?

[Também o fiel silenciar uma recompensa certa receberá. "Odes", livro 3, 2, 25]

Pois realmente não deixaram faltar em *"fidelen silentium"*; este é muito antes o seu forte, sempre que farejam o mérito, e é de fato o melhor artifício contra ele: pois aquilo que ninguém sabe é como se não existisse.

---

2. Friedrich A.L. Dorguth (1776-1854) foi um jurista e filósofo alemão que trocou correspondências com Schopenhauer. Ele compara o filósofo com Caspar Hauser, um jovem encontrado em Nuremberg no século XVIII que se tornou uma grande sensação pelo fato de supostamente ter passado a maior parte de sua vida trancafiado em uma sala escura. (N.T.)

Mas quanto à "*merces*", se ela vai permanecer assim tão "*tuta*", a coisa parece agora mais grave – seria talvez, então, o caso de se interpretar "*merces*" no sentido *ruim*, o qual pode certamente também ser documentado com boas autoridades clássicas. Esses senhores notaram corretamente que o único meio aplicável contra meus escritos seria fazer deles um segredo para o público por meio de um silenciar profundo a respeito deles, aliado a uma algazarra barulhenta com o nascimento de cada filho deformado da filosofia professoral – como em outros tempos os coribantes tornaram a voz do Zeus recém-nascido inaudível por meio de bramidos e algazarra. Mas esse meio se esgotou e o segredo foi revelado: o público descobriu-me. A irritação dos professores de filosofia com isso é grande, porém inócua: pois, assim que esse único meio efetivo aplicado até agora com sucesso estiver esgotado, nenhum ladrado será capaz de inibir a minha eficácia, e é inútil que agora um se posicione de tal jeito, e o outro de outro. Eles conseguiram, de fato, fazer com que a geração efetivamente contemporânea à minha filosofia fosse enterrada sem conhecimento dela. Mas isso foi um mero adiamento: como sempre, o tempo manteve sua palavra.

São duas, porém, as razões de a minha filosofia ser tão odiada pelos senhores da "indústria filosófica" (eles mesmos têm a incrível ingenuidade de chamá-la assim[3]). Primeiramente, porque minhas obras estragam o gosto do público, o gosto por emaranhados vazios de palavras, por enormes acumulações verbais que nada dizem, pelo lento suplício de boatos ocos, fúteis, pela dogmática cristã que aparece disfarçada nas vestes de uma metafísica tediosíssima e pela filisteria sistematizada, absolutamente

---

3. Veja-se *Göttingische gelehrte Anzeigen* [Resenhas acadêmicas de Göttingen] de 1853, p. 1. (N.A.)

superficial, que faz o papel de ética, com instruções até para coisas como jogar cartas e dançar, resumidamente: pelo método filosófico travestido como um todo, o qual já espantou muitos para sempre de toda filosofia.

A segunda razão é que os senhores da "indústria filosófica" não podem deixar valer de modo algum a minha filosofia e por isso tampouco podem utilizá-la para vantagem da "indústria" – o que eles chegam a lastimar de coração, já que a minha riqueza complementaria maravilhosamente a sua amarga pobreza. Mas ela não pode jamais encontrar nenhuma misericórdia diante de seus olhos; nem mesmo se contivesse os maiores tesouros jamais desenterrados da sabedoria humana. Pois a minha filosofia é alheia a toda teologia especulativa e toda psicologia racional, e estas, logo estas, são o ar que esses senhores respiram, a *conditio sine qua non* [condição irremissível] de sua existência. Pois eles querem, acima de todas as coisas do céu e da terra, os seus postos; e seus postos exigem, acima de todas as coisas do céu e da terra, a teologia especulativa e a psicologia racional: *extra haec non datur salus* [fora disso não há salvação]. A teologia deve e precisa ser; que venha de onde ela bem entender: Moisés e os profetas precisam estar certos, é esse o fundamento primeiro da filosofia; e a isso some-se psicologia racional, como é devido. Ocorre que algo assim não pode ser encontrado nem em *Kant* nem em mim. Sabidamente espatifam-se contra a sua *Crítica a toda teologia especulativa* as argumentações teológicas mais consistentes como taças arremessadas contra a parede, e não lhes resta, entre as mãos, um farrapo sequer da psicologia racional! E agora, em mim, o audaz continuador de sua filosofia, como é consequente e honesto, elas nem aparecem mais.[F5] Em oposição a isso, a tarefa da filosofia de cátedra é no fundo a seguinte: expor, sob um invólucro de fórmulas e frases altamente abstratas, abstrusas e difíceis, e, portanto, tediosas e torturantes, as principais verdades fundamentais do catecismo; é por isso que estas são sempre reveladas ao final como a essência da coisa, por mais densa, colorida, estranha e bizarra que ela possa ter parecido à primeira vista. Essa empreitada pode até ter sua utilidade, embora esta me seja desconhecida. Sei apenas que, na filosofia, isto é, na pesquisa pela verdade, no sentido de verdade χατ'ἐξοχήν [enquanto tal], sob a qual são compreendidos os conhecimentos mais elevados, mais importantes, queridos acima de tudo no mundo à humanidade, não se avança jamais, nem mesmo uma polegada, por meio de tal atividade: ao contrário, essa pesquisa desencaminha-se muito antes com isso; razão pela qual eu reconheci já há tempos na filosofia universitária a antagonista da verdadeira filosofia. Quando, então, em um tal estado de coisas, surge uma filosofia honesta, voltada com toda a seriedade à verdade e nada mais que a verdade, não devem os senhores da "indústria filosófica" assustar-se, como cavaleiros de teatro, metidos em armadura de papelão, quando subitamente aparece entre eles um que esteja realmente de armadura, sob cujos passos pesados as leves tábuas do palco estremecem? Tal filosofia *deve* portanto ser ruim e falsa, e os senhores da "indústria filosófica" ficam com o constrangedor papel de, para parecer o que não são, não poderem deixar que outros sejam tomados por aquilo que são. Disso se desenvolve agora o divertido espetáculo de que nós desfrutamos quando esses senhores, uma vez que infelizmente o ignorar chegou ao fim, começam, após quarenta anos, a medir-me com suas pequenas trenas e, do alto de sua sabedoria, a julgar-me como se a competência viesse com o posto; em que eles atingem o extremo do hilário quando pretendem interpretar diante de mim pessoas de respeito.

Não muito menos que eu, embora de modo mais velado, também *Kant* lhes é odiado, justamente porque minou, em seus fundamentos mais profundos, a teologia especulativa, juntamente com a psicologia racional, o *gagne-pain* [ganha-pão] desses senhores, arruinando-as irrecuperavelmente para todos aqueles que pensam seriamente. E como não deveriam esses senhores odiá-lo? – a ele, que tanto lhes dificultou a sua "indústria filosófica", a ponto de agora eles mal poderem prever alguma maneira de suportá-lo sem perder a honra? Por isso, portanto, somos ambos ruins, e esses senhores ignoram-nos veementemente. A mim não dignaram, por quase quarenta anos, um olhar sequer, e para *Kant* olham agora compassivos, das alturas de sua sabedoria, ridicularizando seus erros. É essa uma política sábia e até mesmo considerável. Pois assim podem, como se não houvesse nenhuma *Crítica da razão pura* no mundo, falar tranquilamente por volumes inteiros de Deus e da Alma como de personagens conhecidas que lhes fossem especialmente íntimas, discutindo detalhadamente e com erudição a relação de um com o mundo e da outra com o corpo. É só sumir com a *Crítica da razão pura* que tudo fica maravilhoso! Para tal fim eles buscam já há muitos anos colocar *Kant* de lado paulatinamente, com muito cuidado, antiquá-lo, torcer o nariz para ele, tornando-se, uns encorajados pelos outros, cada vez mais audaciosos nisso.[F6] Pois eles não têm de temer nenhuma contradição entre eles mesmos: eles têm todos os mesmos fins, a mesma missão, e constroem uma sociedade numerosa cujos membros espirituosos, *coram populo* [aos olhos do povo], servem-se mutuamente com mesuras em todas as direções. Assim, chegou-se aos poucos a um estado tal que os escritores de compêndio mais miseráveis vão tão longe em sua arrogância, a ponto de tratar as grandes e imortais descobertas de Kant como erros antiquados, chegando a afastá-lo com a suficiência mais ridícula e com os imperativos mais desavergonhados, expostos em tom de argumentação, na confiança de terem diante de si um público crente que seja ignorante no assunto.[4] E isso atinge *Kant* de escritores cuja completa incompetência salta aos olhos em cada página, ou melhor: em cada linha de sua atordoante verborragia desprovida de qualquer conteúdo. Se isso continuasse, *Kant* estaria logo a encenar o espetáculo do leão morto que é pisoteado por um jumento. Mesmo na França não faltam camaradas que, tomados pela mesma ortodoxia, trabalham para o mesmo fim: para citar um exemplo, menciono um certo senhor Barthélemy Saint-Hilaire, o qual teve, em uma palestra dada perante a *Académie des sciences morales* em abril de 1850, a presunção de julgar *Kant* de cima para baixo e de falar dele da maneira mais indigna; felizmente, porém, de tal modo que qualquer um logo vê o que ali se oculta.[F7]

Outros, também pertencentes à nossa "indústria filosófica" alemã, em sua ânsia de livrar-se de *Kant*, tão contrário a seus fins, tomam a via de não polemizar diretamente com sua filosofia, mas de minar os fundamentos sobre os quais esta é construída, estando, porém, nisso, abandonados em tal grau por todos os deuses e por toda e qualquer faculdade de juízo que atacam verdades a priori, isto é, verdades que são tão antigas quanto o entendimento humano, que são sua constituição mesma, as quais não se pode, portanto, contradizer sem com isso declarar guerra também contra ele. Tamanha é a coragem

---

4. Tenho em mente aqui especialmente o *System der Metaphysik* [Sistema da metafísica] de Ernst Reinhold, terceira edição de 1854. Como ocorre que livros estupidificantes como esse vivenciem edições repetidas foi explicado por mim nos "Parergis", vol. I, p. 171. (N.A.)

desses senhores. Infelizmente, três deles[5] me são conhecidos, e temo que haja ainda mais deles que trabalhem nessa minação e que têm a incrível impudência de deixar *o espaço* constituir-se a posteriori, como uma consequência, uma mera relação dos objetos *nele*, ao alegarem que tempo e espaço teriam uma origem empírica e dependeriam dos corpos, de modo que o espaço se constituiria somente por meio de nossa percepção da coexistência dos corpos, e, igualmente, que o tempo se constituiria somente por meio de nossa percepção da sucessão das mudanças (*sancta simplicitas!* [santa simplicidade], como se as palavras coexistência e sucessão pudessem ter qualquer sentido sem as intuições anteriores do tempo e do espaço[6], que lhes conferem significado[F8]) e que, consequentemente, se os corpos não existissem, o espaço tampouco existiria, e, se aqueles desaparecessem, este seria suprimido; e igualmente que, se todas as mudanças parassem, também o tempo pararia.[F9]

---

5. *Rosenkranz*: *Meine Reform der Hegelschen Philosophie* [Minha reforma da filosofia hegeliana], 1852, especialmente na p. 41, em tom grave e autoritário: "Eu enfatizei que tempo e espaço não existiriam absolutamente caso a matéria não existisse. O espaço efetivo configura-se somente no éter tensionado em si, e somente seu movimento ou o consequente vir a ser real de tudo que é específico e único são o tempo efetivo".

Ludwig Noack: *Die Theologie als Religionsphilosophie* [A teologia como filosofia da religião], 1853, p. 8 ss.

Von Reichlin-Meldegg: duas resenhas do *Geist in der Natur* [Espírito na natureza] de Örsted nos *Heidelberger Jahrbücher* [Anais de Heidelberg] de novembro/dezembro de 1850 e de maio/junho de 1854. (N.A.)

6. O termo alemão *Anschauung* (do verbo *anschauen*: "observar"; "ver") é convencionalmente traduzido por "intuição". Segundo a "Estética transcendental" de Kant, a intuição pode ser *pura* e *a priori*, quando puramente formal (como no caso da matemática e da geometria), caso em que lida unicamente com relações no *tempo* e no *espaço* (que são, para Kant, as formas puras da intuição e não propriedades das coisas em si mesmas); ou também *empírica*, quando tem um conteúdo a posteriori, fornecido pelos sentidos (percepção). (N.T.)

E coisas como essa são declamadas com seriedade apenas cinquenta anos após a morte de Kant. Mas minar a filosofia kantiana é justamente a finalidade, e ela seria de fato derrubada *de um só golpe* se apenas as proposições de tais senhores fossem verdadeiras. Mas felizmente se trata de alegações do tipo que não merecem nem mesmo uma refutação como resposta, mas um riso sarcástico, alegações nas quais não se trata, em primeira instância, de heresia contra a filosofia kantiana, mas de heresia contra o bom senso, nem tampouco ocorre aqui um ataque a algum dogma filosófico, mas um ataque a uma verdade a priori, a qual, justamente enquanto tal, constitui o próprio entendimento humano e, por isso, deve iluminar instantaneamente todos aqueles que estiverem sãos, do mesmo modo que 2x2=4. Tragam-me um camponês da lavoura, façam-lhe a questão compreensível, e ele lhes dirá que mesmo que todas as coisas do céu e da terra desaparecessem o espaço ainda permaneceria, e que, mesmo que todas as mudanças do céu e da terra parassem, o tempo continuaria passando. Quão notavelmente se opõe, no entanto, a esses filosofastros alemães o físico francês *Pouillet*, o qual não se ocupa da metafísica, mas que todavia não deixa de incorporar, em seu conhecidíssimo livro didático de física [*Éléments de physique expérimentale et de météorologie* [Elementos de física experimental e meteorologia]], utilizado como fundamento do ensino público na França, logo no primeiro capítulo, dois minuciosos parágrafos, um *"De l'espace"* [Do espaço] e outro *"Du temps"* [Do tempo], nos quais ele expõe que, se toda a matéria fosse aniquilada, o espaço ainda permaneceria, assim como que ele é infinito; e que, se todas as mudanças parassem, o tempo ainda iria passar, infinitamente. Aqui ele não se refere, como em todo o resto, à experiência, por ser impossível fazê--lo: ainda assim, fala com certeza apodítica. Pois a ele, enquanto físico, cuja ciência é totalmente imanente, isto é, limitada à realidade empiricamente dada, nem vem à mente perguntar de onde sabe tudo isso. A *Kant* isso veio à mente, e justamente esse problema, que ele revestiu com a rígida forma da pergunta pela possibilidade dos juízos sintéticos a priori, tornou-se o ponto de partida e a pedra de toque de suas descobertas imortais, a saber, da filosofia transcendental, a qual demonstra, por meio da resposta justamente a essa pergunta e a outras que lhe são aparentadas, que tipo de parentesco ela possui com a própria realidade empírica.[F10]

E, setenta anos após o surgimento da *Crítica da razão pura*, após sua fama ter percorrido o mundo, tais senhores ousam requerer esses crassos absurdos, há muito já refutados, para retornar às velhas cruezas. Se *Kant* retornasse agora e visse tal tolice, iria certamente sentir-se como Moisés, quando, retornando do monte Sinai, encontrou seu povo dançando em torno do bezerro dourado, ao que ele, de tão irado, espatifou as tábuas das leis. Se, porém, ele quisesse reagir de modo igualmente trágico, eu o consolaria com as palavras de Jesus Sirácida [Eclesiastes 22, 8-9]: "Quem fala a um tolo fala a um dormente; quando o assunto termina ele diz: que foi?". Pois para esses senhores justamente a estética transcendental, esse diamante na coroa de Kant, jamais existiu: ela é silenciosamente posta de lado como *non avenue* [inexistente]. Para que acreditam eles que a natureza traz à existência sua obra mais rara, um grande espírito, único entre tantas centenas de milhões, se em suas cabeças medíocres eles têm prazer em anular suas lições mais importantes por meio de sua mera negação, ou até mesmo em jogá-las ao vento sem mais e fingir que elas nunca existiram?

Mas esse estado de selvageria e crueza na filosofia, no qual agora todos passam os dias a naturalizar as coisas que ocuparam as maiores cabeças, é ainda uma consequência do fato de, com ajuda dos professores de filosofia, o insolente lambuzador de absurdos Hegel ter podido atrever-se a trazer ao mercado as ideias mais monstruosas e, com isso, valer durante trinta anos na Alemanha como o maior de todos os filósofos. Isso faz qualquer um pensar que também ele pode se atrever a servir à mesa tudo que lhe passar por sua cabeçola de pardal.

Como já dito, a principal intenção desses senhores da "indústria filosófica" é obliterar a filosofia de *Kant*, para que possam reentrar no canal enlameado do antigo dogmatismo e passar assim os dias a fabular alegremente sobre as suas tão bem conhecidas e recomendadas matérias favoritas, como se nada tivesse acontecido e nenhum *Kant*, nenhuma filosofia crítica jamais tivesse existido no mundo.[F11] Disso se origina também a afetada veneração e louvação de *Leibniz* que há alguns anos se nota em toda parte, o qual eles gostam de equiparar a *Kant* e mesmo de elevar acima deste, atrevendo-se o suficiente para chamá-lo ocasionalmente de o maior de todos os filósofos alemães. Mas a verdade é que, *diante de Kant*, Leibniz é de fato uma luz miseravelmente diminuta. *Kant* é um grande espírito ao qual a humanidade deve verdades inesquecíveis, e conta entre seus serviços também o fato de ter libertado o mundo para sempre de *Leibniz* e de seus disparates acerca de harmonias preestabelecidas, mônadas e *"identitas indiscernibilium"* [a identidade das coisas indiscerníveis]. *Kant* introduziu a seriedade na filosofia, e eu a mantenho de pé. Que esses senhores pensem de maneira diferente é facilmente explicável: pois *Leibniz* tem uma mônada central e uma *Teodiceia* para adorná-la! E isso é algo para meus senhores da "indústria filosófica": com isso pode um homem subsistir e alimentar-se honestamente. Algo como a *Crítica de toda teologia especulativa* kantiana, por outro lado, deixa qualquer um de cabelos em pé. Logo, *Kant* é um teimoso intratável a ser posto de lado. *Vivat* Leibniz! *Vivat* a indústria filosófica! *Vivat* a filosofia travestida! Esses senhores realmente acreditam poder, de acordo com suas intenções mesquinhas, obscurecer o bem, rebaixar o grandioso, dar crédito ao falso. Decerto por algum tempo; mas certamente não a longo prazo, nem impunemente. Pois até mesmo eu emergi enfim, apesar de suas maquinações e de seu ignorar malicioso, período em que aprendi a compreender o dito de *Chamfort*: "*En examinant la ligue des sots contre les gens d'esprit, on croirait voir une conjuration de valets pour écarter les maîtres*". [Ao observar como os imbecis se unem contra as pessoas de espírito, acredita-se ver servos conspirando para derrubar seus senhores; *Oeuvres choisies* [Obras escolhidas], *Bibliothèque Nationale,* tomo 2, p. 44.]

Não nos dedicamos àqueles que não amamos. Por isso é uma das consequências dessa má vontade contra *Kant* a ignorância inacreditável de suas doutrinas, da qual eu tenho topado com provas que não permitem confiar no que meus olhos veem. Haverei, pois, de demonstrá-lo por meio de alguns exemplos. Primeiramente, em uma verdadeira peça de mostruário, mesmo que já tenha alguns anos de idade. No *Anthropologie und Psychologie* [Antropologia e psicologia] do prof. Michelet, o imperativo categórico de *Kant* é apresentado nas seguintes palavras (p. 444): "Tu deves, pois tu podes". Não se trata de um erro de grafia: pois em sua *Entwickelungsgeschichte der neuesten deutschen Philosophie* [História do desenvolvimento da mais recente filosofia alemã], publicada três anos depois [1843], p. 38, ele diz o mesmo. Desconsiderando-se, portanto, que ele parece ter feito seu estudo da filosofia kantiana nos epigramas de Schiller[7], ele ainda pôs a coisa de ponta cabeça, proferindo o oposto do famoso argumento kantiano, e claramente não tem a mínima noção daquilo que *Kant* pretendia dizer com o postulado da liberdade fundado sobre o imperativo categórico. Não me é conhecido que algum de seus colegas o tenha reprovado por isso; mas *"hanc veniam damus petimusque vicissim"*[F12] [concedemo-nos esta liberdade mutuamente e somos condescendentes uns com os outros; Horácio, *Da arte poética, uma epístola a Pisão*, cap. 11]. – Adicionarei apenas mais um caso bem recente. O resenhista do livro de Örsted mencionado na nota acima, cujo título é infelizmente apadrinhado de nosso, topa neste com a sentença de que "corpos são espaços preenchidos com forças": isso é para ele uma novidade e, sem nenhuma noção de que tem diante de si uma doutrina kantiana mundialmente famosa, a toma como a opinião paradoxal do próprio Örsted e polemiza contra ela brava, prolongada e repetidamente, em suas duas resenhas separadas por um intervalo de três anos, com argumentos como: "A força não pode preencher o espaço sem algo material, a matéria"; e três anos depois: "Força no espaço não constitui ainda uma coisa: é preciso que haja material, matéria, para que a força preencha o espaço. – Esse preenchimento é, porém, impossível sem um material. Uma mera força não irá jamais preencher. A matéria precisa estar presente para que preencha". – Bravo! O meu sapateiro argumentaria do mesmo modo.[F13] – Quando vejo tais *specimina eruditionis* [provas de erudição] começo a duvidar de se não cometi uma injustiça contra esse homem ao tê-lo contado entre aqueles que pretendem minar *Kant*; com o que eu tinha em vista que ele diz: "O espaço é somente a relação da simul-

---

7. No mencionado poema de Schiller lê-se, corretamente: "Tu podes, pois tu deves". (N.T.)

taneidade das coisas", loc. cit., p. 899, e também na p. 908: "O espaço é uma relação sob a qual as coisas estão, uma simultaneidade das coisas. Essa simultaneidade deixa de ser um conceito quando cessa o conceito de matéria". Pois ele pode, afinal, ter escrito essas sentenças igualmente em pura inocência, se a "Estética transcendental" lhe for tão estranha quanto os *Princípios metafísicos da ciência da natureza*. De fato, isso seria algo pesado para um professor de filosofia. Mas hoje em dia deve-se estar preparado para tudo. Pois o conhecimento da filosofia crítica foi extinto, apesar de ter sido a última filosofia efetiva, e ainda uma doutrina que fez uma revolução e uma época em todo o filosofar, e mesmo no saber e pensar humano em geral. Uma vez que com isso todos os sistemas anteriores são derrubados por ela, o filosofar de agora, após a extinção do conhecimento dela, não ocorre mais fundado sobre as doutrinas de algum dos espíritos privilegiados, mas, ao contrário, é um puro naturalizar por dia e noite, fundado sobre o senso comum e sobre o catecismo. Talvez agora, alarmados por mim, os professores retomem novamente as obras kantianas. No entanto, diz *Lichtenberg*: "Em certos anos pode-se aprender a filosofia kantiana tão pouco quanto o funambulismo" [*Vermischte Schriften* [Escritos mistos], nova edição de 1844, p. 107].

Eu certamente não me teria dado o trabalho de enumerar os pecados desses pecadores; mas precisei fazê-lo, pois a mim foi incumbido, no interesse da verdade neste mundo, apontar o estado de decadência no qual a filosofia alemã se encontra cinquenta anos após a morte de *Kant*, graças às atividades dos senhores da "indústria filosófica", e aonde chegaríamos caso esses pequenos espíritos, que não conhecem nada além de suas intenções, pudessem barrar desimpedidamente a influência dos grandes gênios iluminadores do universo. Em face disso não posso silenciar; trata-se muito mais de um caso em que vale a exclamação de Goethe:

> "Tu que és forte, não silencia,
> Se também outros se acanham."
> Quem o diabo assustaria
> Se não os que alto exclamam?

> [*"Du Kräftiger, sei nicht so still,*
> *Wenn auch sich andere scheuen."*
> *Wer den Teufel erschrecken will,*
> *Der muß laut schreien.*
> ["Zahme Xenien" [Xênia mansa], I]

Lutero pensava do mesmo modo.

Ódio contra *Kant*, ódio contra mim, ódio contra a verdade, e tudo *in maiorem Dei gloriam* [para a maior glória de Deus] – é isso que anima esses pensionistas da filosofia. Quem não vê que a filosofia universitária se tornou a antagonista da verdadeira e seriamente intencionada, cujo objetivo é se opor aos avanços desta última? Pois a filosofia que merece seu nome é o puro serviço à verdade, e portanto a maior aspiração da humanidade, mas, enquanto tal, não é apropriada aos negócios da indústria. O mais impossível, porém, é que ela tenha seu lugar nas universidades, nas quais a faculdade de teologia está no topo, as disciplinas estando portanto todas já determinadas antes de se chegar a elas. Com a escolástica, da qual a filosofia universitária descende, era diferente. Ela era assumidamente a *ancilla theologiae* [criada da teologia], e nela as palavras correspondiam ao conteúdo. A filosofia universitária dos dias de hoje, ao contrário, nega sê-lo e simula uma independência de sua pesquisa: apesar de continuar sendo a mera *ancilla* encapada, tão determinada quanto aquela a servir à teologia. Com isso, porém, a filosofia de intenções sérias e honestas tem na filosofia universitária uma pretensa ajudante, mas uma verdadeira antagonista. Justamente por isso eu já disse há tempos[8] que nada poderia ser mais frutífero para a filosofia do que se ela cessasse de ser uma ciência universitária; e se lá eu ainda adicionei que, ao lado da lógica, a qual pertence necessariamente à universidade, em todo caso ainda poderia ser lecionado um curso curto, bastante sucinto, de história da filosofia, eu também fui forçado a recuar dessa concessão precipitada devido à revelação que o *ordinarius loci* (um assíduo historiador da filosofia) nos fez na p. 8 dos *Göttingischen gelehrten Anzeigen* [Notas acadêmicas de Göttingen] de 1º de janeiro de 1853: "Era inconfundível que a doutrina de Kant fosse o teísmo comum, tendo adicionado pouco ou nada para uma transformação das opiniões correntes sobre Deus e sua relação para com o mundo". – Se é esse o estado de coisas, então considero que as universidades não são mais o local apropriado também para a história da filosofia. Nelas reina a intenção ilimitada. De fato notei já há tempos que a história da filosofia seria tratada nas universidades no mesmo espírito, e que seria lecionada com o mesmo *grano salis* ["grão de sal" – parcimônia] que a própria filosofia: era necessário somente um último impulso para trazer esse conhecimento à luz. Por isso meu desejo é ver a filosofia sumir, juntamente com sua história, do catálogo, pois quero vê-la salva das mãos dos conselheiros de corte.[9] A minha intenção com isso, porém, não é de modo algum negar aos professores de filosofia sua lucrativa atividade nas universidades. Ao contrário: quero vê-los promovidos três vezes e deslocados à mais elevada faculdade como

---

8. *Parerga,* vol. I, p. 185-187 – 3. (N.A.)

9. Em alemão *Hofrat*: título que costumava ser concedido pela corte como recompensa a méritos intelectuais. Schopenhauer utiliza-se do termo para enfatizar o servilismo dos professores universitários em relação ao Estado. (N.T.)

professores da teologia. No fundo já o são há tempos e serviram agora suficientemente como voluntários.

Aos jovens dou, enquanto isso, o conselho sincero e bem-intencionado de não perder tempo com a filosofia de cátedra, mas estudar em vez disso as obras de Kant e também as minhas. Ali, prometo-lhes, encontrarão algo sólido para aprender, e em suas cabeças entrarão luz e ordem na medida em que forem capazes de recebê-las. Não é direito apertar-se em torno de uma luz noturna lastimável enquanto há tochas radiantes disponíveis; e menos ainda deve-se perseguir fogos-fátuos. Principalmente, meus jovens sedentos de verdade, não vos deixeis contar histórias de conselheiros de corte sobre aquilo que se encontra na *Crítica da razão pura*; mas lede-a vós mesmos. Encontrareis aí coisas bem distintas, as quais, *estas sim*, vos será de utilidade considerar. – Em geral, é gasto demasiado estudo com a história da filosofia nos dias de hoje, porque esta, já apropriada, segundo sua natureza, para substituir o pensar com o saber, é agora feita efetivamente com a intenção de transformar a própria filosofia em sua história. Pois não é exatamente necessário, e nem mesmo particularmente frutífero, adquirir um conhecimento superficial e parcial das opiniões e doutrinas de todos os filósofos dos últimos dois milênios e meio: mais do que isso, porém, a história da filosofia – mesmo a honesta – não fornece. Só se conhecem filósofos a partir de suas próprias obras, e não da imagem distorcida de suas doutrinas representada em uma cabeça medíocre.[F14] No entanto, é necessário, por meio de alguma filosofia, trazer ordem à cabeça e aprender, com ela, a ver o mundo de modo verdadeiramente independente. Agora, de acordo com o tempo e com a língua, nenhuma filosofia nos está tão próxima quanto a kantiana, e ao mesmo tempo esta é tal que, em comparação a ela, todas as anteriores são superficiais. Por isso, ela deve ser sem dúvida a preferida.

Mas eu estou ciente de que a notícia do aparecimento de Caspar Hauser já se espalhou entre os professores de filosofia: pois eu vejo que alguns já tomam coragem para me caluniar, cheios de veneno e de bile, em todo tipo de publicações, nas quais completam o que lhes falta em sagacidade com mentiras.[10] Eu, porém, não me queixo, pois a causa me alegra e o efeito me faz rir, e a coisa toda me parece uma ilustração do verso goethiano:

> O cão de nosso estábulo quer
> Para sempre acompanhar-nos:
> Mas de seu latido o ecoar
> Prova só que cavalgamos.

> [*Es will der Spitz aus unserm Stall*
> *Uns immerfort begleiten:*
> *Doch seines Bellens lauter Schall*
> *Beweist nur, daß wir reiten.*]
> ["Kläffer" [O latidor]]

Frankfurt a.M., agosto de 1854.

---

10. Aproveito esta oportunidade para pedir ao público de uma vez por todas que não creiam incondicionalmente em relatos sobre o que eu supostamente teria dito, mesmo se aparecerem como citação, mas que primeiramente os verifiquem em minhas obras: com isso, um certo número de mentiras virá à tona; mas somente a adição dos assim chamados pés de galinha (" ") pode identificá-las como formalmente falsas. (N.A.)

Introdução

Eu quebro um silêncio de dezessete anos[11] para apontar àqueles poucos que, antecipando-se a seu tempo, deram atenção à minha filosofia algumas confirmações que esta obteve de empíricos imparciais, dela desconhecedores, os quais, trilhando o caminho dos meros conhecimentos empíricos, descobriram, ao final, justamente aquilo que a minha doutrina estabeleceu como o metafísico, a partir do qual a experiência em geral deveria ser explicada. Essa circunstância é tanto mais encorajadora, uma vez que distingue o meu sistema de todos os anteriores, na medida em que todos eles, inclusive o mais novo de *Kant*, ainda deixam um largo abismo entre seus resultados e a experiência, faltando muito para que eles descessem à imediatidade em relação a ela e fossem por ela tocados. Por isso, a minha metafísica mantém-se como a única que possui efetivamente uma fronteira comum com as ciências físicas[L1], um ponto no qual estas, por meios próprios, vão ao seu encontro, de modo que elas realmente se encadeiam com ela e com ela concordam:

---

11. Assim escrevia eu no ano de 1835, enquanto compunha o presente escrito. Pois eu não publicara nada desde o ano de 1818, antes de cujo fim surgira *O mundo como vontade e representação*, uma vez que uma adaptação latina, para uso de estrangeiros, de minha dissertação "Sobre a visão e as cores", publicada já em 1816, incorporada por mim em 1830 ao terceiro volume dos *Scriptores ophthalmologici minores* [Escritos oftalmológicos menores], editado por Justus Radio, não pode valer como interrupção desse silêncio. (N.A.)

e isso não é realizado torcendo e moldando as ciências empíricas de acordo com a metafísica, nem fazendo com que esta já tivesse sido secretamente abstraída a partir daquelas para então, à maneira schellingiana, encontrar a priori aquilo que ela aprendera a posteriori, mas ambas encontram-se no mesmo ponto por conta própria e sem combinação prévia. Daí segue que meu sistema não flutua no ar como todos os anteriores, acima de toda realidade e experiência; pelo contrário, ele desce até esse chão firme da efetividade, onde as ciências físicas retomam o aprendizado.

As confirmações alheias e empíricas que serão aqui expostas dizem respeito, como um todo, ao cerne e ao ponto central de minha doutrina, à verdadeira metafísica desta, isto é, àquela verdade fundamental paradoxal de que aquilo que *Kant* opôs à mera *aparição* – chamada por mim mais precisamente de *representação* – como sendo a *coisa em si*, tomando-a como absolutamente incognoscível[12], isso, digo eu, essa *coisa em si*, esse substrato de toda aparição (e, com isso, de toda natureza), nada mais é que aquilo que nos é imediatamente conhecido e precisamente confiado, que encontramos dentro de nosso próprio eu como *vontade*; que, por isso, essa *vontade*, longe de, como supunham todos os filósofos até agora, ser inseparável da cognição e mesmo um mero resultado da mesma – dela, que é totalmente secundária e tardia –, é fundamentalmente distinta e plenamente independente

---

12. A doutrina kantiana a que Schopenhauer se refere aqui é o *idealismo transcendental*, desenvolvido por Kant na *Crítica da razão pura*, que considera o mundo sensível, ao qual todo o nosso conhecimento se encontra confinado, como sendo a mera forma pela qual as coisas *aparecem* [*erscheinen*] para o sujeito, uma *aparência* ou *aparição* [*Erscheinung*], determinada subjetivamente pelas formas de nossa sensibilidade e de nosso intelecto; aquilo que aparece, porém, a *coisa em si mesma*, fora dessa relação com o sujeito, permaneceria, segundo Kant, eternamente incognoscível para nós. (N.T.)

desta, e que consequentemente essa vontade pode também existir e se manifestar sem ela, o que é realmente o caso em toda a natureza, dos animais para baixo; que essa vontade, como a única coisa em si, o único verdadeiramente real, o único primordial e metafísico em um mundo onde todo o resto é somente aparência, quer dizer, mera representação, fornece a todas as coisas, quaisquer que venham a ser, a força graças à qual elas podem existir e atuar; que, portanto, não somente as ações arbitrárias de entes animais, mas também o maquinário orgânico de seu corpo vivente, até mesmo a sua forma e constituição, mais além também a vegetação das plantas, e finalmente no próprio reino inorgânico a cristalização e toda força originária em geral que se manifesta em aparições físicas e químicas, até mesmo a própria gravidade – são, em si e fora da aparição (o que significa, simplesmente: fora de nossa cabeça e de sua representação), absolutamente idênticos àquilo que encontramos em nós mesmos como *vontade*, da qual possuímos o conhecimento mais imediato e íntimo possível; que, mais além, as manifestações particulares dessa vontade são postas em movimento por entes cognoscentes – isto é, animais – por meio de motivos, mas não menos na vida orgânica do animal e da planta por meio de estímulos, e no inorgânico, finalmente, por meio de meras causas no sentido mais estrito; distinção esta que diz respeito somente à aparência; que, por outro lado, a cognição e o seu substrato, o intelecto, são um fenômeno completamente distinto da vontade, meramente secundário, que acompanha somente os patamares mais elevados da objetivação da vontade, para ela mesma inessencial, dependente de sua aparição no organismo animal, e portanto físico, e não metafísico como ela; que, consequentemente, jamais se pode concluir, a partir da ausência de cognição, uma ausência da vontade; que, muito pelo contrário, esta última também se deixa detectar em todas as aparições da natureza desprovidas de cognição, tanto da vegetativa quanto da inorgânica; e portanto que a vontade não é condicionada pela cognição, como se presumiu até agora sem exceções, mas a cognição pela vontade.

E é essa verdade fundamental de minha doutrina, que mesmo agora soa ainda tão paradoxal, que obteve, por força da verdade, numerosas confirmações em todos os seus pontos centrais de parte das ciências empíricas, as quais evitam a todo custo a metafísica, confirmações estas que, vindo de tal parte, são altamente surpreendentes, e que vieram à luz somente após a aparição de minha obra, com o passar dos anos, embora totalmente independentes desta. Que tenham se tornado confirmações justamente desse dogma fundamental de minha doutrina é vantajoso sob duas perspectivas: a saber, em parte porque ele é o pensamento central que condiciona todas as outras partes de minha filosofia; em parte porque é somente a ele que poderiam confluir confirmações de ciências alheias, totalmente independentes da filosofia. Pois os dezessete anos que passei constantemente ocupado com minha doutrina trouxeram numerosas evidências também às suas demais partes – à parte ética, à estética e à dianoiológica[13]; estas, porém, passam, segundo sua natureza, do solo da efetividade, donde brotaram, imediatamente para o da própria filosofia: por isso elas não podem trazer o caráter de um testemunho extrínseco, e, por terem sido descobertas por mim mesmo, não são tão irrefutáveis, inconfundíveis e impressionantes como aquelas que tocam a própria *metafísica*, uma vez que estas últimas são fornecidas por seu correlato, a *física* (tomando-se essa palavra no sentido mais amplo da Antiguidade). Pois a física,

---

13. Do grego διάνοια ("entendimento", "pensamento"), dianoiologia é o estudo das faculdades cognitivas. (N.T.)

isto é, a ciência natural em geral, deve, na medida em que persegue o seu próprio caminho, chegar, em todas as suas ramificações, a um ponto final no qual as suas explicações chegam a um fim: esse ponto é justamente o *metafísico*, o qual ela percebe como sua fronteira, para além da qual é incapaz de avançar, aí parando e entregando seu objeto à metafísica. Por isso Kant teve razão ao dizer: "É evidente que as fontes absolutamente primárias dos efeitos da natureza devam ser todas um problema da metafísica" (*Von der wahren Schätzung der lebendigen Kräfte* [Da verdadeira valoração das forças vitais], § 51). Esse elemento inacessível e desconhecido para a física, onde suas pesquisas terminam, mais tarde pressuposto em suas explicações como dado, é normalmente designado por ela com expressões como "força da natureza", "força vital", "impulso de constituição", entre outras, o que não quer dizer mais que x y z. Se, porém, em casos singularmente felizes, pesquisadores especialmente perspicazes e atentos do campo da ciência natural logram lançar um olhar furtivo através da cortina que perfaz a sua fronteira, sentir a fronteira não apenas como tal, mas também perceber em certa medida a sua constituição, espiando dessa maneira até mesmo o campo da metafísica que há para além dela, então a física, assim beneficiada, determina agora positiva e explicitamente a fronteira desse modo explorada como sendo aquilo que um sistema metafísico que lhe era totalmente desconhecido, que obteve seus fundamentos de um campo completamente distinto, estabeleceu como a verdadeira essência íntima e o princípio último de todas as coisas, as quais, de seu lado, ele reconhece, para além disso, somente como aparições, isto é, representações – então deve surgir verdadeiramente em ambos os pesquisadores distintos um pressentimento como aquele de mineradores que, escavando duas galerias a partir de dois pontos muito distantes entre si, uma em direção à outra, após ambos terem trabalhado muito tempo na escuridão subterrânea, confiando apenas na bússola e no nível, experimentam finalmente a felicidade de há muito desejada de ouvir as marteladas um do outro. Pois esses pesquisadores reconhecem agora que atingiram o ponto de interseção, buscado em vão por tanto tempo, entre física e metafísica, as quais, como céu e terra, não queriam jamais se encontrar, que inauguraram a conciliação de ambas as ciências e encontraram seu ponto de ligação. O sistema filosófico, porém, que experimenta um tal triunfo, obtém por meio disso uma comprovação externa tão poderosa e suficiente de sua verdade e correção que nenhuma outra maior seria possível. Em face de tal confirmação, que vale como uma prova real, o interesse ou desinteresse de uma época não tem nenhuma relevância, especialmente se considerarmos em que tal interesse esteve entrementes aplicado – como, por exemplo, a contribuição filosófica desde Kant. Para além desse jogo que vem sendo levado na Alemanha durante os últimos quarenta anos sob o nome de filosofia, os olhos do público começam agora a se abrir cada vez mais: o tempo de acertar as contas é chegado, e esse público verá se por meio do escrever e disputar infindável desde Kant alguma verdade foi trazida à luz. Isso me desobriga da necessidade de discutir objetos indignos; e particularmente ali, onde é exigido por minha finalidade, posso fazê-lo de forma mais sucinta e agradável por meio de uma anedota: quando Dante, no carnaval, perdeu-se na multidão mascarada e o duque de Médici ordenou que ele fosse buscado, aqueles incumbidos dessa tarefa duvidavam da possibilidade de encontrá-lo, visto que também ele estava mascarado: por isso, o duque deu-lhes uma pergunta que eles deveriam fazer a todos os mascarados que tivessem qualquer similaridade com Dante. A pergunta era:

"Quem conhece o bem?". Após terem recebido muitas respostas tolas, uma máscara deu enfim a seguinte: "Aquele que conhece o mal". Assim reconheceram eles Dante.[14] Com isso, quero dizer que não encontrei nenhuma razão para me deixar desencorajar pela minha exclusão do interesse de meus contemporâneos, pois eu tinha ao mesmo tempo diante dos olhos aquilo para o qual este se voltava. O futuro verá, a partir de suas obras, quem foram os singulares; mas somente na recepção destes verá quem foram os seus contemporâneos. A minha doutrina não reclama de modo algum para si o nome de "filosofia do tempo presente", tão disputado pelos grotescos adeptos da mistificação hegeliana, mas sim o de filosofia do tempo vindouro, tempo este que não mais encontrará sua satisfação em palavreados vazios de sentido, em frases ocas e em paralelismos jocosos, mas que exigirá da filosofia conteúdo real e conclusões sérias, e que também se poupará da reivindicação injusta e absurda de que ela deva ser uma paráfrase da religião local de cada um. "Pois é algo deveras absurdo esperar esclarecimentos da razão enquanto se lhe prescreve como eles deverão resultar necessariamente" (Kant, *Crítica da razão pura*, p. 775, quinta edição). – É triste viver em um tempo tão profundamente decadente que tal verdade autoevidente ainda precise ser acreditada pela autoridade de um grande homem. É, por outro lado, também ridículo quando se esperam grandes coisas como consequência de uma filosofia, e, enfim, divertido assistir quando esta se prepara com solene seriedade para fornecê-las, enquanto todos já sabem de início o curto sentido desse longo discurso. Os mais perspicazes, porém, pretendem, em sua maioria, ter reconhecido sob o manto da filosofia a teologia ali enca-

---

14. Balthasar Gracián: *El criticón*, 3, 9, o qual pode ele mesmo defender o anacronismo. (N.A.)

pada, que guia a fala e educa a seu modo o estudante sedento por verdade – o que nos lembra então a cena querida do grande poeta. Outros, no entanto, cujo olhar penetra ainda mais fundo, afirmam que aquilo que está metido naquele manto não é nem teologia, nem filosofia, mas somente um pobre-diabo, o qual, fingindo, com expressão solene e profunda seriedade, buscar a sublime e elevada verdade, na verdade não busca nada além de um pedaço de pão para si e sua jovem família, o que ele certamente poderia obter com menos esforço e mais honra por outros caminhos; ele, porém, oferece, por tal recompensa, o que quer que seja exigido, se necessário até mesmo deduzir a priori o diabo e sua avó, ou mesmo, se preciso for, intuí-los intelectualmente – quando, aliás, devido ao contraste entre a altura da pretensa finalidade e a baixeza da finalidade efetiva, o efeito cômico é atingido num grau raro, o que não torna, porém, menos desejável que o solo puro e sagrado da filosofia fosse limpo de tais negociantes da indústria, como em outros tempos o templo de Jerusalém o foi de vendedores e cambistas. – O público filosófico pode, portanto, até que tenham chegado esses tempos melhores, ocupar a sua atenção e o seu interesse como tem feito até agora. Como até agora, que se continue a nomear ao lado de *Kant* – esse grande espírito que a natureza logrou criar apenas *uma* vez, para iluminar suas próprias profundezas –, todas as vezes e obrigatoriamente, como um outro desse tipo – Fichte; sem que nem *uma* voz grite: Ἡρακλῆς καὶ πίθηκος! [Héracles e seu macaco!] – Como até agora, que a filosofia do completo absurdo de Hegel (a qual é 3/4 vazia e 1/4 composta de ideias ridículas) continue sendo uma sabedoria de profundeza inescrutável, sem que as palavras de Shakespeare "*such stuff as madmen tongue and brain not*"[15] [*Cymbeline*, 5, 4] sejam sugeridas como mote de

---

15. Tais coisas que loucos "línguam" e não "cerebram". (N.T.)

seus escritos, nem uma sépia – que cria uma nuvem de escuridão ao redor de si para que não se veja o que ela é – como emblema de suas *vignettes*[16], com o sobrescrito *"mea caligine tutus"* [seguro em minha obscuridade]. – Como até agora, que cada novo dia siga trazendo, para o uso das universidades, novos sistemas compostos puramente de palavras e frases, juntamente com um jargão acadêmico no qual se possa conversar por dias sem nunca dizer nada, e que essa alegria jamais seja interrompida por aquele ditado árabe: "Ouço bem o matraquear do moinho; mas a farinha eu não vejo". – Pois tudo isso está de acordo com o tempo e deve ter o seu decurso; assim como em toda época se dá algo análogo, que ocupa os contemporâneos com mais ou menos estardalhaço e então se desfaz completamente, desaparecendo sem deixar rastro algum, de modo que a próxima geração já não sabe mais dizer o que terá sido. A verdade pode esperar: pois ela tem uma vida longa à frente de si. O autêntico e seriamente intencionado sempre trilha seu caminho devagar e alcança o seu fim; é certo que quase como que por um milagre: pois em seu aparecimento ele é via de regra recebido com frieza e desprezo, devido ao mesmo motivo pelo qual também mais tarde, quando, chegando à posteridade, atinge o completo reconhecimento, a maioria inumerável da humanidade segue confiando puramente na autoridade, de modo a não se comprometer, enquanto o número de seus genuínos apreciadores, entretanto, permanece quase tão pequeno quanto no começo. No entanto, esses poucos são capazes de manter o seu prestígio, pois eles mesmo são prestigiados. Eles o passam adiante de mão em mão por sobre as cabeças da multidão inepta através dos séculos. Tão difícil é a existência da

---

16. Ilustração na borda da página que tem normalmente a função de separar os capítulos. (N.T.)

melhor herança da humanidade. – Pois se a verdade, para que fosse verdadeira, tivesse de pedir autorização àqueles que têm coisas totalmente distintas no coração, então seria certamente permitido duvidar de seu conteúdo, então seria para ela frequentemente um bom conselho a profecia das bruxas: *"Fair is foul, and foul is fair"*[17] [Shakespeare, *Macbeth*, I, I]. Mas felizmente não é assim: a verdade não depende de nenhum favor ou desfavor e não precisa pedir autorização a ninguém; ela se mantém sobre os próprios pés, o tempo é seu conterrâneo, sua força é irresistível, sua vida, indestrutível.

---

17. Belo é feio, e feio é belo. (N.T.)

Fisiologia e patologia

Uma vez que organizei as anteriormente mencionadas confirmações empíricas de minha doutrina de acordo com as ciências das quais partiram, perseguindo, como fio condutor de minha discussão, os degraus da natureza de cima para baixo, devo falar primeiramente de uma confirmação deveras notável que meu dogma principal recebeu de parte das considerações fisiológicas e patológicas de um veterano da ciência médica, o médico pessoal real dinamarquês *Joachim Dietrich Brandis*, cujo *Versuch über die Lebenskraft* [Ensaio sobre a força vital] (1795) já fora recebido por *Reil* com especial louvor. Em seus dois escritos mais recentes: *Erfahrungen über die Anwendung der Kälte in Krankheiten* [Experiências sobre a aplicação do frio em doenças], Berlim 1833, e *Nosologie und Therapie der Kachexien* [Nosologia e terapia das catexias], 1834, vemo-lo instituir, da forma mais expressiva e admirável, uma *vontade inconsciente* como a fonte primordial de todas as funções vitais, derivar dela todos os eventos no funcionamento do organismo tanto no estado doente como no saudável e apresentá-la como o *primum mobile* [primeiro motor] da vida. Sinto-me no dever de ilustrá-lo por meio de citações literais extraídas de tais escritos, uma vez que poderão ser altamente úteis ao leitor médico.

No primeiro desses dois escritos lemos, na p. VIII: "A essência de todo organismo vivo consiste em querer manter o seu próprio ser diante do macrocosmo na medida do possível". – P. X:

> Apenas *um* ser vivo, apenas *uma* vontade pode agir em um órgão em um momento dado: se há, portanto, uma *vontade* doente no órgão da pele que não harmoniza com tal unidade, então o frio tem a capacidade de suprimi-la por tempo suficiente para instituir a geração de calor, uma *vontade* normal.

P. 1:

> Se devemos nos convencer de que em todo ato da vida deve haver um *determinante* – uma *vontade* que provoque um desenvolvimento adequado ao todo do organismo e condicione toda mudança de forma nas partes em concordância com o todo da individualidade – e um *determinável* ou formável etc.

– P. 11:

> No que tange à vida individual, o determinante, a *vontade* orgânica, deve poder ser satisfeito pelo determinado para que possa ser aplacado e cessar. Isso ocorre até mesmo nos processos vitais mais elevados da inflamação: algo de novo é formado e o prejudicial é expulso; mais do elemento formável é levado até o local pelas artérias e mais sangue venoso escoa, até que o processo de inflamação esteja completo e a *vontade* orgânica aplacada. Essa *vontade* pode, porém, ficar também tão excitada que não é mais possível aplacá-la. Essa causa excitante (estímulo) age ou imediatamente sobre o órgão singular (veneno, *contagium*), ou afeta a vida como um todo, ao que essa vida logo começa a fazer os maiores esforços para afastar o danoso ou para alterar a disposição da *vontade* orgânica, incitando funções vitais críticas em certas partes individuais – inflamações – ou também exaurindo a *vontade* insatisfeita.

– P. 12:

> A *vontade* anômala insaciável age dessa forma destrutiva sobre o organismo, salvo se a) a vida como um todo, ansiando por unidade (tendência à conformidade com um fim), trouxer à tona outras funções vitais aplacadoras (*crises et lyses* [febre súbita ou gradual]) que suprimam a *vontade*, as quais, se elas o realizam completamente, são chamadas de crises decisivas (*crises completae*), ou, se desviam a *vontade* apenas parcialmente, também de *crises incompletae*; ou b) um outro estímulo (medicação) trouxer à tona uma outra *vontade* que suprima a doente. – Se submetemos essa *vontade* à mesma categoria daquela que nos é consciente por meio de representações, se nos damos conta de que aqui não se pode tratar de analogias mais próximas ou mais distantes, então convencemo-nos de termos apreendido o conceito fundamental da vida *única* ilimitada e indivisível, a qual pode, no corpo humano, ao manifestar-se em órgãos distintos mais ou menos dotados e exercitados, tanto fazer o cabelo crescer como também realizar as mais elevadas combinações e representações. Vê-se que o afeto mais potente – a vontade inaplacada – pode ser suprimido por uma excitação mais ou menos forte etc.

– P. 18:

> A temperatura externa é uma ocasião segundo a qual o determinante – essa tendência para manter o organismo como uma unidade, essa *vontade orgânica sem representação* – modifica a sua atividade ora em um órgão, ora em outro. – Toda manifestação da vida, porém, tanto a doente como a saudável, é uma manifestação da *vontade* orgânica: *essa vontade determina a vegetação*. No estado saudável ela está em concordância com a unidade do todo. No estado doente, ela é [...] ocasionada a *não querer* estar em concordância com a unidade.

– P. 23:

> Um acesso súbito de frio sobre a pele suprime a sua função (resfriado); uma bebida fria suprime a função da *vontade orgânica* dos órgãos digestivos e aumenta, com isso, a da pele e gera transpiração; o mesmo ocorre com a *vontade orgânica* doente: o frio suprime erupções cutâneas etc.

– P. 33:

> Febre é a participação do processo vital inteiro em uma *vontade* doente; é, portanto, no processo vital como um todo, aquilo que a inflamação é nos órgãos individuais: o esforço da vida para construir algo determinado, de modo a satisfazer a *vontade* doente e afastar o danoso. – Quando isso ocorre, chamamo-lo crise ou lise. A primeira percepção do que é prejudicial, que desencadeia a *vontade* doente, tem o mesmo efeito sobre a individualidade que aquilo percebido pelos sentidos como danoso, antes mesmo que tenhamos trazido à representação toda relação deste com nossa individualidade e os meios para afastá-lo. O susto e suas consequências têm os mesmos efeitos – a interrupção dos processos vitais no parênquima[18], primeiramente em suas partes voltadas para o mundo exterior, na pele e nos músculos que movimentam toda a individualidade (o corpo exterior): calafrio, frio, tremedeira, dores nos membros etc. A diferença entre ambos os casos é que no segundo o danoso é trazido – ou imediatamente, ou gradualmente – a representações mais nítidas, pois, tendo sido comparado por todos os sentidos com a individualidade, determinando assim a sua relação com a mesma, o meio para proteger a individualidade contra tal coisa (não dar atenção, fugir, defender-se) pode ser trazido para uma *vontade consciente*; no primeiro caso, por outro lado, o danoso não atinge a consciência, e a vida por si só (aqui a força curadora da natureza) esforça-se por afastar o danoso para aplacar assim a *vontade* doente. Isso não

---

18. Tecido funcional do órgão. (N.T.)

> deve ser visto como uma analogia, mas é a verdadeira apresentação da manifestação da vida.

– P. 58:

> Sempre, porém, deve-se lembrar que o frio age aqui como um poderoso meio estimulante para suprimir ou temperar a *vontade* doente e despertar em seu lugar uma *vontade* natural da geração de calor uniforme.

Afirmações semelhantes encontram-se em quase todas as páginas do livro. No segundo dos escritos do sr. Brandis antes mencionados ele não mistura mais de modo tão completo a explicação a partir da vontade – provavelmente devido à consideração de que ela é na verdade metafísica – com seus exames particulares, mas atém-se totalmente a ela, falando dela, nas passagens em que a define, com tanto mais determinação e nitidez. Dessa maneira, ele fala nos parágrafos 68 e subsequentes de uma *"vontade inconsciente*, inseparável da consciente", que é o *primum mobile* de toda a vida, tanto vegetal como animal, na qual o determinante de todos os processos vitais, secreções etc. é desejo e aversão manifestados em todos os órgãos.

> – § 71: Todos os espasmos demonstram que a manifestação da *vontade* pode ocorrer sem uma faculdade representacional definida.
> – § 72: Em toda parte esbarramos em uma atividade originária não comunicada, a qual, determinada ora pelo mais elevado livre-arbítrio humano, ora por desejo e aversão animais, ora por necessidades simples, mais vegetativas, desperta diversas atividades na unidade do indivíduo para se manifestar.

– P. 96:

> Uma produção, uma atividade originária não comunicada, expressa-se em toda manifestação vital. [...] O terceiro

fator dessa produção individual é *a vontade, a própria vida do indivíduo*. [...] Os nervos são condutores dessa produção individual; por meio deles forma e mistura são modificadas de acordo com desejo e aversão.

– P. 97:

A assimilação do material alheio [...] feita pelo sangue [...] não é nenhuma sucção ou transpiração da matéria orgânica, [...] mas em toda parte esse fator da aparição é *a vontade produtiva*, a vida, que não pode ser reconduzida a nenhum tipo de movimento comunicado.

Quando escrevi isso, em 1835, eu ainda era inocente o suficiente para crer seriamente que minha obra fosse desconhecida ao sr. Brandis: caso contrário, eu não teria mencionado os seus escritos aqui, uma vez que eles então não seriam nenhuma confirmação, mas apenas uma repetição, aplicação e continuação de minha doutrina nesse ponto. Mas eu acreditava seguramente poder supor que ele não me conhecesse; pois ele não me menciona em parte alguma, e, tivesse ele me conhecido, a probidade literária certamente teria exigido que não silenciasse sobre o homem do qual tomava seu pensamento principal e fundamental, ainda menos se ele o via, então, sofrer uma negligência desmerecida por meio do ignorar geral de sua obra, o qual poderia ser convenientemente exposto como um embuste. A isso se soma que seria do próprio interesse literário do sr. Brandis – e portanto também uma astúcia – mencionar-me. Pois a doutrina fundamental por ele estabelecida é tão bizarra e paradoxal que já o seu resenhista de Göttingen fica perplexo, sem saber o que dela fazer: e o sr. Brandis não a fundamentou efetivamente com provas ou indução, nem a posicionou em relação à totalidade de nosso conhecimento sobre a natureza, mas apenas a afirmou. Por isso, eu imaginava que ele chegara a ela por meio daquele dom divinatório próprio que ensina aos bons médicos reconhecer e apreender, ao pé do leito do doente, o que é correto, sem que tenha podido dar conta de maneira rígida e metódica dos fundamentos dessa verdade efetivamente metafísica, já que devia também notar de imediato o quanto ela se opunha às visões correntes. Tivesse ele, pensava eu, conhecido minha filosofia, a qual estabelece a mesma verdade em um contexto muito mais amplo, fazendo-a valer para a totalidade da natureza, e que a fundamenta com provas e indução, no contexto da doutrina kantiana, de cujo mero pensar até o final ela surge – o quão bem-vindo deveria ter sido para ele poder se referir a ela e nela se apoiar, para que não permanecesse isolado, de posse de uma alegação inaudita, a qual em seu caso permanece sendo mera alegação. São essas as razões pelas quais eu cria, àquele tempo, poder supor como certo que o sr. Brandis realmente não conhecia minha obra.

Desde então, porém, pude conhecer melhor os eruditos alemães e os acadêmicos de Copenhague, aos quais o sr. Brandis pertencia, e cheguei à convicção de que ele me conheceu, sim, e muito bem. As razões para tal eu já apresentei em 1844 no segundo volume de *O mundo como vontade e representação*, cap. 20, p. 263, e não desejo repeti-las, uma vez que tudo isso é inedificante, mas acrescento apenas que desde então recebi de fontes confiáveis a garantia de que o senhor Brandis de fato conheceu e até mesmo possuiu minha obra magna, visto que esta foi encontrada em seu espólio. – A obscuridade desmerecida que um escritor como eu deve sofrer por muito tempo encoraja tais pessoas a apropriar-se até mesmo de seus pensamentos fundamentais sem sequer mencioná-lo.

Um outro médico levou isso ainda mais longe que o sr. Brandis, o qual, não contente em me tomar o pensamento, tomou-me ainda as palavras. A saber, foi o senhor *Anton Rosas*, professor titular na universidade de Viena, que, no primeiro volume de seu *Handbuch der Augenheilkunde* [Manual de medicina ocular], de 1830, copiou literalmente de minha dissertação *Über das Sehn und die Farben* [Sobre a visão e as cores] de 1816, mais especificamente das p. 14 a 16 da mesma, todo o seu § 507, sem me mencionar nem fazer notar por qualquer outro meio que quem ali falava era outro que não ele. Com isso já se explica suficientemente por que ele, em seu registro de 21 escritos sobre as cores e de 40 escritos sobre a fisiologia do olho, que ele fornece nos parágrafos 542 e 567, cuidou de não mencionar a minha dissertação, e isso foi tanto mais aconselhável, já que ele também se apropriou de muitas outras coisas dela sem me nomear. Por exemplo, no § 526 aquilo que "se afirma" é afirmado apenas por mim. Todo o seu § 527 é, apenas não de modo completamente literal, copiado das p. 59 e 60 de minha dissertação. Aquilo que ele introduz no § 535 como "amplamente conhecido", a saber, que o amarelo constitui 3/4 e o violeta 1/4 da atividade do olho, não foi jamais "amplamente conhecido" para pessoa alguma até eu tê-lo tornado "amplamente conhecido", e permanece ainda, de fato, sendo uma verdade conhecida por poucos e admitida por ainda menos pessoas, e exige, para que ela seja considerada "amplamente conhecida", sem mais, que eu esteja pelo menos enterrado: até então, até mesmo o exame mais sério da coisa deve ser postergado; pois por meio deste pode facilmente tornar-se de fato *amplamente conhecido* que a real diferença entre a teoria das cores de Newton e a minha consiste no fato de que a sua é falsa e a minha verdadeira; o que não poderia ser nada além de lastimável para os meus contemporâneos: razão pela qual, sabiamente e segundo costumes antigos, se posterga a comprovação do assunto durante os poucos anos que ainda me restam. O sr. Rosas não conhecia tal política; pelo contrário, assim como o acadêmico copenhaguense Brandis, acreditou que, pelo fato de não se falar do assunto em parte alguma, ele podia tomá-lo "*de bonne prise*" [como presa fácil]. Vê-se que a probidade do norte e do sul alemães ainda não se entendem suficientemente. – Além disso, todo o conteúdo dos parágrafos 538, 539, 540 do livro do senhor Rosas é tomado completamente do meu § 13, e em sua maior parte literalmente copiado deste. Em um momento, porém, ele se vê forçado a citar a minha dissertação, a saber, no § 531, onde ele precisa de uma garantia para um fato. É ridículo o modo pelo qual ele introduz até mesmo as frações numéricas com que eu expresso todas as cores de acordo com minha teoria. Pois apropriar-se delas assim, totalmente *sans façon* [fora de contexto], pode ter lhe parecido capcioso; ele diz, portanto, na p. 308: "*Caso quiséssemos* expressar uma tal relação das cores com o branco em números e assumíssemos que branco = 1, poder-se-ia incidentalmente (como já o fez Schopenhauer) estabelecer a seguinte proporção: amarelo = 3/4, laranja = 2/3, vermelho = 1/2, verde = 1/2, azul = 1/3, violeta = 1/4, preto = 0". – Agora, eu gostaria de saber como foi possível fazer isso tão incidentalmente sem antes ter inventado toda a minha teoria fisiológica das cores, unicamente à qual tais números se referem e sem a qual eles são números desconhecidos sem significado, e, também, como seria possível fazê-lo, tratando-se, no caso do sr. Rosas, de um partidário da teoria newtoniana das cores, com a qual esses números se encontram em contradição direta; e, finalmente, como pode ocorrer que, ao longo dos milênios em que seres humanos vêm pensando e escrevendo, ninguém tenha pensado justamente nessas frações para expressar as cores, a não ser apenas nós dois, eu e o senhor Rosas? Pois que ele as teria disposto exatamente dessa maneira mesmo que eu por acaso "já" não o tivesse feito catorze anos antes, apenas antecedendo-o desnecessariamente, é indicado por suas palavras aqui transcritas, a partir das quais se vê que só se trata de "querer". Ocorre que justamente nessas frações numéricas está contido o segredo das cores, cujo verdadeiro desvendamento, de sua essência e das diferenças entre elas, é obtido unicamente por meio dessas frações. – Mas eu estaria feliz se o plágio fosse a maior desonestidade a manchar a literatura alemã; destas há muito mais e muito mais profundas, mais corruptas, para as quais o plágio está como um pouco de *pickpocketing* [bater carteiras] está para um crime hediondo. Refiro-me àqueles espíritos baixos, desdenhosos, para os quais o interesse pessoal substitui a verdade como estrela-guia e nos quais fala, sob a máscara da compreensão, a intenção. Hipocrisia e adulação estão na ordem do dia, tartufices são exibidas sem maquiagem, capuchinadas entoam do altar solene dedicado às ciências: a digna palavra "esclarecimento" tornou-se uma espécie de insulto, os maiores homens do século passado, Voltaire, Rousseau, Locke, Hume, são denegridos, esses heróis, esses ornamentos e benfeitores da humanidade, cuja fama, espalhada por ambos os hemisférios do globo terrestre, se puder ser ainda mais glorificada, só o poderá pelo fato de, sempre e em toda parte onde surgem obscurantistas, eles serem seus mais amargos inimigos – e com razão. Facções e irmandades literárias são fechadas a crítica e louvor, e o ruim é agora elogiado e divulgado, o bom é diminuído ou também, como diz *Goethe*, "*segredado por um silêncio inabalável, em cuja forma de censura inquisitória os alemães foram longe*" (*Tag- und Jahreshefte* [Diários e anuários], no ano de 1821). Os motivos e considerações, porém, a partir dos quais tudo isso ocorre, são vis demais para que eu queira me ocupar com sua enumeração. Mas que distância há entre a *Edinburgh Review*, escrita por cavalheiros independentes, no interesse da coisa mesma, que carrega com honra o seu nobre mote, tomado de Públio Siro [*Sententiae* [Sentenças] 257], "*Iudex damnatur, cum nocens absolvitur*" [O juiz é condenado quando o culpado é absolvido]^{F15}, e os jornais literários alemães, cheios de intenções, de considerações, desespero, desonestidade, os quais, sendo fabricados em grande parte por mercenários do dinheiro, deveriam ter como mote: "*Accedas socius, laudes, lauderis ut absens*". [Associa-te e louva, para que sejas louvado quando estiveres ausente; Horácio, *Saturae* [Sátiras] 2, 5, 72.] – Agora, após 21 anos, compreendo aquilo que *Goethe* me disse em 1814, em Berka, onde eu o encontrei com o livro de *Stäel*, *De l'Allemagne* [Da Alemanha], sobre o qual afirmei, em conversa, que fazia uma defesa exagerada da honestidade dos alemães, a qual podia confundir os estrangeiros. Ele riu e disse: "Sim, certamente eles não acorrentarão as malas, que lhes serão então furtadas". E adicionou, em tom sério: "Mas, se se quer conhecer a desonestidade dos alemães em toda sua grandeza, deve-se travar conhecimento com a literatura alemã". – Deveras! Contudo, entre todas as desonestidades da literatura alemã, a mais escandalosa é o serviço ao tempo de certos pretensos filósofos, verdadeiros obscurantistas. Serviço ao tempo: a expressão, que cunho a partir do inglês, não exige explicação[19], e tampouco exige o fato prova alguma: pois quem tivesse o descaramento para negá-lo forneceria uma forte evidência a este meu tema presente. *Kant* ensinou que devemos tomar os homens como fins, e jamais como meios: que a filosofia

---

19. A palavra a que Schopenhauer se refere é *Zeitdienerei*, que traduzimos aqui literalmente por "serviço ao tempo". Em inglês, *timeserver* designa uma pessoa oportunista, a qual, buscando vantagem própria, adapta a sua opinião àquela dos detentores do poder. (N.T.)

devesse ser tida somente como fim, jamais como meio, ele acreditava nem mesmo precisar dizer. Se necessário, o serviço ao tempo deixa-se insinuar sob qualquer vestimenta, tanto no hábito clerical como na pele de arminho, somente não no *tribonion*, a manta filosófica: pois quem deita este sobre os ombros jurou à bandeira da verdade e, uma vez em seu serviço, toda outra preocupação, com o que quer que seja, conta como traição ignominiosa. Por isso não se esquivou Sócrates da cicuta, nem Bruno da fogueira. Estes de que tratamos aqui, porém, podem ser desencaminhados com um simples pedaço de pão. Serão eles tão míopes a ponto de não verem ali, já bem próxima, a posteridade, onde aguarda a história da filosofia, implacável, escrevendo, em seu livro imperecível, com pena férrea e mão firme, duas amargas linhas de condenação? Ou será que isso não os preocupa? – Certamente é permitido, em caso de necessidade, que se diga "*après moi le déluge*"[20] [depois de mim, o dilúvio]; mas "*après moi le mépris*" [depois de mim, o desdém] não quer jamais deixar os lábios. Por isso, creio que dirão a essa juíza: "Ó, querida posteridade, querida história da filosofia, estais em erro se nos tomais a sério: pois não somos absolutamente filósofos, que Deus nos guarde! Não, somos meros professores de filosofia, meros serventes do estado, meros filósofos de faz de conta! É como se pretendêsseis arrastar o guerreiro do teatro, com sua armadura de papelão, para dentro do torneio de verdade". Com isso, a juíza perceberá o que se passa, riscará todos esses nomes e os proverá com o *beneficium perpetui silentii* [benefício do silêncio perpétuo].

Dessa digressão, à qual a visão do serviço ao tempo e do tartufismo, que ainda não floresciam como hoje, me

---

20. Sentença atribuída popularmente ao rei Luís XV ou à sua principal amante, Mme. de Pompadour, significando: "Depois de mim, não me interessa o que acontecerá". (N.T.)

arrastou há dezoito anos, retorno àquela parte de minha doutrina que foi, embora não de maneira autônoma, ainda assim confirmada pelo sr. Brandis, para adicionar certos esclarecimentos a ela, aos quais eu ainda somarei algumas outras confirmações oriundas do campo da fisiologia.

As três suposições criticadas por Kant na dialética transcendental sob o nome de ideias da razão, e, por consequência, afastadas da filosofia teórica, sempre se mostraram, até a transformação completa da filosofia realizada por esse grande homem, impeditivas para uma compreensão mais profunda da natureza. Para o objeto de nossa consideração atual um desses obstáculos foi a assim chamada ideia racional da alma, esse ente metafísico, em cuja simplicidade absoluta conhecer e querer estavam ligados e fundidos, para sempre e inseparavelmente *um*. Enquanto ela perdurou, não era possível estabelecer uma fisiologia filosófica; e tanto menos enquanto também o seu correlato, a matéria real e puramente passiva, tivesse necessariamente de ser posto como material do corpo, como um ente por si só existente, uma coisa em si. Foi portanto essa ideia racional da alma a responsável pelo fato de, ao início do século passado, o célebre químico e fisiólogo Georg Ernst *Stahl* ter se desviado da verdade, da qual ele chegara bem perto, e que ele teria alcançado, se apenas tivesse podido colocar, no lugar da "*anima rationalis*" [alma racional], a vontade nua, ainda sem cognição, exclusivamente metafísica. Ocorre, porém, que, sob influência de uma tal ideia da razão, ele não podia ensinar nada além de que seria essa alma simples e racional que teria construído o corpo para si, guiando e realizando todas as suas funções orgânicas internas, sem que, embora a cognição fosse a sua determinação fundamental e também a sua substância essencial, soubesse ou experimentasse qualquer coisa de tudo isso. Havia aí algo de absurdo, que tornava a doutrina totalmente insustentável. Ela foi suplantada pela doutrina da sensibilidade e irritabilidade de Haller, a qual, embora apreendida de maneira puramente empírica, em compensação também termina a explicação em duas *qualitates occultae* [qualidades ocultas]. O movimento do coração e das entranhas era agora atribuído à irritabilidade. A *anima rationalis*, porém, permaneceu inabalada em suas honras e louvores, como um hóspede estranho na casa do corpo, instalado no sótão. – "A verdade encontra-se no fundo do poço", disse Demócrito, e milênios repetiram-no em suspiros: mas isso não é nenhum milagre, já que, a cada vez que ela quer sair, martelamo-lhe os dedos.

O traço fundamental de minha doutrina, que a distingue de todas as que jamais existiram, é a separação completa da vontade em relação à cognição, as quais todos os filósofos que me antecederam viram como inseparáveis, e até mesmo a vontade como condicionada pela cognição, que seria o material básico de nossa essência espiritual, chegando a vê-la, na maioria dos casos, como mera função desta. Essa separação, porém, essa decomposição do eu ou da alma por tanto tempo indivisível em duas partes constitutivas heterogêneas, é para a filosofia aquilo que a decomposição da água foi para a química; mesmo que isso venha a ser reconhecido apenas tardiamente. Para mim, o eterno e indestrutível no ser humano, o qual, portanto, também constitui o seu princípio vital, não é a alma, mas, para me utilizar de uma expressão química, o radical da alma – *a vontade*. A assim chamada alma já é composta: ela é a conexão da vontade com o νοῦς, o intelecto. Esse intelecto é o secundário, o *posterius* do organismo e, enquanto mera função cerebral, condicionado por este. A vontade, por outro lado, é primária, é o *prius* do organismo, sendo este condicionado por ela. Pois a vontade é a essência em si que aparece como um tal corpo orgânico unicamente na representação (essa mera função cerebral): é somente devido às formas da cognição (ou funções cerebrais), isto é, somente na representação, que o corpo de cada um nos aparece como extenso, dotado de membros, orgânico, mas não fora desta, não imediatamente na autoconsciência. Assim como as ações do corpo são somente os atos singulares da vontade que figuram na representação, também o seu substrato, a forma desse corpo, é a sua imagem como um todo: por isso, a vontade é o agente em todas as funções orgânicas, tanto quanto o é em suas ações externas. A verdadeira fisiologia, no que tem de melhor, explica o que há de espiritual no homem (a cognição) como produto do que nele é físico; e isso realizou *Cabanis* como nenhum outro. Mas a verdadeira metafísica ensina-nos que esse eu físico é mero produto ou, muito antes, aparição de algo espiritual (a vontade), que a própria matéria é condicionada pela representação, na qual ela existe exclusivamente. Intuir e pensar serão explicados cada vez mais a partir do organismo, mas jamais o querer – pelo contrário: a partir deste será explicado o organismo; conforme demonstrarei sob a próxima rubrica. Eu estabeleço, pois, primeiramente, *a vontade enquanto coisa em si* como absolutamente originária; em segundo lugar, a sua mera visibilidade, sua objetivação, o corpo; e em terceiro lugar a cognição, como mera função de uma parte desse corpo. Essa parte é ela mesma a vontade de conhecer objetivada (tornada representação), uma vez que a vontade necessita da cognição para seus fins. Essa função, porém, condiciona por sua vez o mundo como representação em sua totalidade, e com isso também o próprio corpo, na medida em que este é um objeto da intuição, e mesmo a matéria em geral, uma vez que esta só é dada na representação. Pois um mundo objetivo sem um sujeito em cuja consciência ele existe é decerto algo absolutamente impensável. A cognição e a matéria (sujeito e objeto) existem, portanto, apenas relativamente uma para a outra e constituem a *aparição*. Com isso, as coisas estão agora, devido a essa minha modificação fundamental, como jamais estiveram antes.

Quando ela se volta para fora, age para fora, voltada para um objeto reconhecido, atravessando assim o meio da cognição – então todos reconhecem aqui *a vontade* como o agente, sendo essa a origem de seu nome. Mas ela não está menos ativa nos processos internos que antecedem essas ações externas como sua condição, que criam e mantêm a vida orgânica e o seu substrato, e também a circulação sanguínea, a secreção e a digestão são obra sua. Mas, justamente porque só a reconheceram ali onde ela, deixando o indivíduo do qual parte, volta-se para o mundo externo, o qual se apresenta agora como intuição justamente para esse propósito, tomou-se a cognição como sua condição essencial, seu elemento absoluto, sim, até mesmo como o seu material constituinte, cometendo, com isso, o maior ὕστερον πρότερον [confusão de anterioridade e posterioridade] jamais visto.

Acima de tudo, porém, é preciso saber distinguir vontade de arbítrio e compreender que a primeira pode existir sem o último; o que de fato é pressuposto por toda a minha filosofia. Arbítrio é a vontade ali onde ela é iluminada pela cognição, onde, portanto, motivos, isto é, representações, agem como sua causa motora: quer dizer, expresso de modo objetivo, onde a ação externa que causa o ato é mediada por um *cérebro*. O *motivo* pode ser definido como um estímulo externo, cuja ocasião gera uma *imagem no cérebro*, sob cuja mediação a vontade realiza o efeito propriamente dito, a ação corporal. No caso da espécie humana, porém, um conceito, que se constituiu a partir de imagens anteriores desse tipo ao ignorarem-se as suas diferenças, e que consequentemente não é mais intuitivo, mas somente designado e fixado por palavras, pode tomar o lugar dessa imagem. Uma vez que, assim, a eficácia dos motivos não está absolutamente ligada ao contato, eles podem medir entre si as suas forças de efetivação sobre a vontade, quer dizer, permitem uma certa escolha: no caso do animal, esta é confinada ao estreito campo de visão daquilo que se lhe antepõe *intuitivamente*; no caso do homem, por outro lado, ela possui como campo de ação o vasto âmbito daquilo que lhe é *pensável*, isto é, de seus conceitos. De acordo com isso, denomina-se como arbitrários *apenas aqueles* movimentos que não se devem, como os dos corpos inorgânicos, a *causas* no sentido mais estrito da palavra, nem a meros *estímulos*, como os movimentos das plantas, mas a *motivos*.[21] Estes, porém, pressupõem *cognição*, que é o *meio dos motivos*, através do qual a causalidade age aqui, sem, no entanto, afetar em nada a sua total necessidade. Fisiologicamente, é também possível caracterizar a diferença entre estímulo e motivo da seguinte maneira: o estímulo evoca a reação *imediatamente*, partindo da mesma parte sobre a qual o estímulo agiu; o motivo, por outro lado, é um estímulo que precisa fazer um desvio pelo cérebro, onde evoca inicialmente uma imagem que somente então traz à tona a reação subsequente, a qual é agora chamada de ato da vontade e de arbitrária. A diferença entre movimentos arbitrários e não arbitrários não diz respeito, portanto, ao essencial e primário, que é em ambos a vontade, mas somente ao secundário, a evocação da manifestação da vontade; isto é, se esta ocorre no fio condutor das causas propriamente ditas, ou dos estímulos, ou dos motivos, quer dizer, das causas que atravessaram a cognição. Na consciência humana, a qual se distingue da animal por não

---

21. A diferença entre causa no sentido mais estrito, estímulo e motivo foi exposta por mim de maneira detalhada nos *Dois problemas fundamentais da ética*, p. 30 ss. (N.A.)

conter somente representações intuitivas, mas também conceitos abstratos que atuam, independentes da diferença temporal, ao mesmo tempo e lado a lado, graças aos quais se torna possível a reflexão, isto é, o conflito dos motivos, nessa consciência entra em cena o arbítrio no sentido mais estrito da palavra, o qual denominei decisão, e que, porém, consiste apenas no fato de o motivo mais *poderoso* para o caráter individual dado sobrepujar os outros, determinando a ação, da mesma maneira que um impulso é subjugado por um impulso contrário mais forte; ocorrendo, portanto, com exatamente a mesma necessidade que o movimento de uma pedra impulsionada. Nesse ponto, todos os grandes pensadores de todos os tempos concordam decididamente[L2], com tanta certeza quanto a turba jamais poderá compreender, nem jamais apreender a grande verdade de que a obra de nossa liberdade não deve ser buscada nos atos singulares, mas em nossa existência e essência mesmas. Essa verdade foi por mim apresentada do modo mais nítido em meu escrito premiado *Sobre a liberdade da vontade*. De acordo com ela, o pretenso *liberum arbitrium indifferentiae* [livre-arbítrio indeterminado] é totalmente impróprio para servir como marca que distinga os movimentos que partem da *vontade*: pois constitui uma alegação da possibilidade de efeitos sem causas.

Assim que se tenha chegado, portanto, a diferenciar vontade de arbítrio, e a ver o último como uma categoria específica ou uma forma de aparição da primeira, não se terá dificuldades para vislumbrar a vontade também em processos desprovidos de cognição. Que todos os movimentos de nosso corpo, também os meramente vegetativos e orgânicos, partam da *vontade* não quer dizer de modo algum que eles sejam arbitrários, pois isso significaria que são determinados por motivos; motivos, porém, são representações, e sua morada é o cérebro; apenas as partes dotadas de seus nervos podem ser movimentadas a partir dele, ou seja, por motivos: e somente esse movimento chama-se arbitrário. Os da economia interna do organismo, por outro lado, são guiados por *estímulos*, como os das plantas; com a diferença de que a complicação do organismo animal, assim como fez necessário um aparato sensitivo externo para a apreensão do mundo exterior e para a reação da vontade a ele, também exigiu um *cerebrum abdominale* [cérebro abdominal], o sistema nervoso simpático, para dirigir a reação da vontade também de acordo com os estímulos internos. O primeiro pode ser comparado ao ministério do exterior, o último, ao do interior: a vontade, porém, permanece autárquica e onipresente.

Os avanços da fisiologia desde Haller comprovaram que não somente as ações externas acompanhadas de consciência (*functiones animales*), mas também os processos vitais totalmente inconscientes (*functiones vitales et naturales*) ocorrem em sua totalidade sob direção do *sistema nervoso*, e que a diferença em termos do tornar-se consciente repousa unicamente sobre o fato de as primeiras serem direcionadas por nervos que partem do cérebro e os últimos, porém, por nervos que não se comunicam diretamente com o sistema nervoso central, o qual está voltado principalmente para fora, mas com pequenos centros subalternos, os nódulos nervosos, gânglios e seus tecidos, os quais podem ser comparados a governadores das distintas províncias do sistema nervoso que guiam os processos internos de acordo com estímulos internos, do mesmo modo que o cérebro guia as ações externas de acordo com motivos externos; que apreendem, portanto, impressões do interior, reagindo de acordo com elas, assim como o cérebro obtém representações e toma decisões com base nelas; com a diferença de que esses centros subalternos estão limitados a um campo de atuação mais estreito. A isso deve-se a *vita propria* [vida própria] de todo sistema, com vistas à qual já dizia *Van Helmont* que todo órgão tem como que seu próprio eu. Disso se explica também a vida continuada de partes amputadas de insetos, répteis e outros animais inferiores, cujo cérebro não possui uma grande preponderância sobre os gânglios das partes singulares; assim como também o fato de certos répteis sobreviverem por semanas ou mesmo meses após a remoção de seu cérebro. Sabendo, pois, a partir da experiência mais segura, que nas ações acompanhadas de consciência e dirigidas pelo sistema nervoso central o verdadeiro agente é a *vontade*, a qual nos é dada na consciência mais imediata e de modo totalmente distinto do mundo exterior, então não poderíamos deixar de supor que as ações que partem desse mesmo sistema nervoso e que mantêm o processo vital continuamente em funcionamento, embora submetidas à direção de seus centros subordinados, sejam igualmente manifestações da vontade, sobretudo uma vez que a causa pela qual elas não são, como aquelas, acompanhadas de consciência, nos é totalmente conhecida, a saber: que a consciência tem sua morada no cérebro e que por isso está limitada às partes cujos nervos levam ao cérebro, e que também as deixa se esses nervos são cortados: com isso se explica perfeitamente a diferença entre o consciente e o inconsciente, e, com ela, a diferença entre o que há de arbitrário e de não arbitrário nos movimentos do corpo, e nenhuma razão permanece para se assumir duas fontes primárias totalmente distintas para o movimento; especialmente porque *principia praeter necessitatem non sunt multiplicanda* [os princípios não devem ser multiplicados sem necessidade]. Isso tudo é tão esclarecedor que, refletindo-se sem preconceitos a partir desse ponto de vista, parece quase absurdo querer fazer do corpo um servo de dois mestres, derivando suas ações de duas fontes primárias fundamentalmente distintas, e atribuir o movimento de braços e pernas, dos olhos, lábios, garganta, língua e pulmões, dos músculos faciais e abdominais à vontade; e, por outro lado, deixar os movimentos do coração, das veias, os movimentos peristálticos nos intestinos, a absorção das vilosidades intestinais e das glândulas e todas as secreções partirem de um princípio totalmente distinto, desconhecido para nós e eternamente misterioso, o qual se designa por nomes como vitalidade, *Archäus* [arqueu], *spiritus animales*, força vital, impulso formador; termos que, em conjunto, dizem tanto quanto x.[F16]

É notável e instrutivo observar como o admirável *Treviranus* se esforça, em seu livro *Die Erscheinungen und Gesetze des organischen Lebens* [As aparições e leis da vida orgânica], vol. 1, p. 178-185, por descobrir, nos animais mais inferiores, infusórios e zoófitos, quais de seus movimentos seriam arbitrários e quais seriam, como ele diz, automáticos ou físicos – isto é, meramente vitais; para tal, ele toma como pressuposto estar tratando de duas fontes primordialmente distintas do movimento; enquanto, na verdade, tanto uns como os outros partem da vontade, consistindo toda a diferença no fato de serem desencadeados ou por estímulos ou por motivos, isto é, serem mediados ou não por um cérebro; estímulo este que pode, por sua vez, ser meramente interno ou também externo. Entre muitos dos animais já mais elevados – crustáceos e até mesmo peixes – ele vê os movimentos arbitrários e vitais convergirem completamente, como, por exemplo, o da locomoção com o da respiração: uma evidência nítida da identidade de sua essência e origem. – Ele diz, na p. 188:

> Na família das actínias [anêmonas do mar], dos asteroides [estrelas do mar], dos ouriços do mar e das holotúrias (*Echinodermata pedata cuv.* [pepinos do mar]), é visível como a movimentação dos fluidos depende da vontade dos mesmos, sendo um meio para a locomoção espacial.

– Na p. 288 lê-se:

> O esôfago dos mamíferos tem, em sua extremidade superior, a faringe, que é estendida e recolhida por músculos que, em sua constituição, se igualam com os arbitrariamente movidos, sem, no entanto, estarem sob domínio da vontade.

Vê-se aqui como as fronteiras entre os movimentos originados na vontade e aqueles que lhe são supostamente estranhos se confundem. – Ibidem, p. 293:

> Assim ocorrem, nos estômagos dos ruminantes, movimentos que têm a aparência de total arbitrariedade. Mas não somente entre os ruminantes encontram-se movimentos desse tipo. Também o estômago simples do ser humano e de muitos animais permite somente ao digerível a passagem por sua abertura inferior, expelindo o que for indigesto por meio do vômito.

Há também provas específicas para o fato de os movimentos segundo estímulos (os não arbitrários) partirem, assim como os segundo motivos (os arbitrários), da vontade: como os casos em que o mesmo movimento ocorre ora segundo um estímulo, ora segundo um motivo, como, por exemplo, a contração da pupila: ela ocorre segundo um estímulo com o aumento da luz e segundo um motivo ao nos esforçarmos por observar um objeto muito próximo e pequeno com precisão; pois a contração da pupila permite ver com nitidez a uma distância mínima, efeito que pode ser aumentado ainda mais se olharmos através de um buraco furado com uma agulha em uma folha de papel; e, inversamente, dilatamos a pupila ao olhar para longe. O mesmo movimento do mesmo órgão não pode se originar alternadamente em duas fontes fundamentalmente distintas. – Erich Heinrich Weber conta, em seu programa, *additamenta ad E.H. Weberi "Tractatum de motu iridis"* [Adendos ao "Tratado de midríase" de E.H. Weber], Leipzig, 1823, ter descoberto em si próprio a faculdade de, por mero arbítrio, poder dilatar e contrair a pupila de um olho fixo em um mesmo objeto, com o outro olho fechado, de modo que o objeto lhe aparecesse ora nítido, ora embaçado. – Também Johann Müller – *Handbuch der Physiologie* [Almanaque de fisiologia], p. 764 – busca comprovar que a vontade age sobre a pupila.

Além disso, a noção de que as funções vitais e vegetativas que ocorrem sem consciência têm como mecanismo íntimo a vontade é confirmada também pela observação de que mesmo os movimentos reconhecidamente arbitrários de um membro são o resultado final de um grande número de modificações antecedentes no interior desse membro, as quais entram na consciência tão pouco quanto as funções orgânicas e ainda assim são evidentemente aquilo que é posto primariamente em atividade pela vontade e que tem o movimento do membro como mera consequência, e que, no entanto, permanece tão estranho à nossa consciência que os fisiólogos buscam encontrar por meio de hipóteses o modo pelo qual os tendões e as fibras musculares são contraídos graças a uma modificação no tecido celular do músculo, a qual ocorreria devido a uma condensação do vapor sanguíneo nele contido, que se torna sangue líquido; essa condensação, por sua vez, ocorreria pela ação dos nervos, e esta – pela vontade. A modificação que parte imediatamente da vontade não entra, portanto, tampouco aqui na consciência, mas apenas o seu resultado longínquo, e na verdade também este apenas por meio da intuição espacial do cérebro, na qual se apresenta juntamente com o corpo todo. Que aqui, porém, nessa cadeia causal ascendente, o último elo seja a *vontade*, isso os fisiólogos jamais teriam descoberto pelo caminho de suas pesquisas e hipóteses experimentais; ao contrário, isso lhes é conhecido de um modo completamente distinto: a solução do enigma lhes é sussurrada de fora da investigação, graças à circunstância feliz de o pesquisador ser aqui ele próprio o objeto a ser pesquisado, experimentando, assim, ele próprio o segredo dos acontecimentos internos; sem o que a sua explicação teria de estacar, assim como a de qualquer outra aparição, diante de uma força insondável. E se, por outro lado, tivéssemos a mesma relação que temos com nosso próprio organismo também com todos os fenômenos naturais, a explicação de todos esses fenômenos e de todas as propriedades de todos os corpos remontaria em última instância a uma vontade ali manifesta. Pois a diferença não está na coisa, mas apenas em nossa relação com a coisa. Sempre que a explicação do físico chega ao fim, ela esbarra em algo metafísico, e sempre que esse metafísico se abre a uma cognição imediata, ele revela-se como vontade. – Outra prova de que as partes do organismo cujo movimento não parte do cérebro, não ocorrendo arbitrariamente segundo motivos, ainda assim são animadas e dominadas pela vontade é a sua coafetação em todos os movimentos extraordinariamente fortes da vontade, quer dizer, em afetos e paixões: o batimento cardíaco acelerado na alegria ou no medo, o enrubescimento com a vergonha, a palidez no susto e também na ira dissimulada, o choro na tristeza, a ereção que acompanha representações lascivas, a respiração pesada e o intestino solto no medo intenso, a produção de saliva com o estímulo do apetite, o enjoo ao avistar algo repulsivo, a aceleração da circulação sanguínea e até mesmo a alteração da composição da bile na ira e o salivar na raiva intensa: este último em um tal grau que um cão altamente enraivecido pode contagiar com hidrofobia por meio de sua mordida, sem estar efetivamente infectado com raiva nem se tornar raivoso daí em diante; o que é alegado também de gatos e mesmo de galinhas enraivecidas. Mais além, o pesar prolongado esgota o organismo profundamente, e o susto ou também a alegria súbita podem ser fatais. Em oposição a isso, todos os processos e modificações internos que dizem respeito somente à cognição, deixando a vontade de fora, por maiores e mais importantes que sejam, permanecem sem influência sobre o funcionamento do organismo – a não ser quando a atividade por demais esforçada e prolongada do intelecto cansa o cérebro, esgotando-o gradualmente, até por fim esgotar o organismo como um todo; o que confirma mais uma vez que a cognição é de natureza secundária, mera função orgânica de uma parte, um produto da vida, não constituindo, porém, o cerne íntimo de nossa essência, não sendo coisa em si, nem metafísica, incorpórea e eterna como a vontade: esta não se cansa, não envelhece, não aprende, não se aperfeiçoa com o exercício, é a mesma na criança e no ancião: é sempre uma e a mesma, sendo seu caráter em cada um imodificável. Da mesma maneira, ela é, enquanto essencial, também constante, estando assim presente nos animais do mesmo modo que em nós: pois ela não depende, como o intelecto, da perfeição da organização, mas é, ao contrário, em todos os animais, essencialmente a mesma que nos é tão intimamente conhecida. Por causa disso, o animal possui todos os afetos do ser humano: alegria, tristeza, temor, ira, amor, ódio, desejo, inveja etc.; a grande diferença entre o ser humano e o animal repousa somente sobre o grau de completude do intelecto. Mas isso nos leva para muito longe de nosso assunto; razão pela qual remeto aqui o leitor a *O mundo como vontade e representação*, vol. 2, cap. 19, 2.

Após ter exposto as razões esclarecedoras de aquele agente originário do mecanismo interno do organismo ser também a mesma vontade que conduz as ações externas do corpo, a qual, nesse último caso, deixa-se reconhecer enquanto tal em sua passagem pela consciência somente por necessitar a mediação da cognição voltada para fora, não será espantoso que além de *Brandis* também alguns outros fisiólogos, trilhando o caminho meramente empírico de suas pesquisas, tenham reconhecido essa verdade de modo mais ou menos nítido. *Meckel*, em seu *Archiv für die Physiologie* [Arquivo para a fisiologia] (vol. 5, p. 195 a 198), chegou de modo completamente empírico e imparcial ao resultado de que a vida vegetativa, a formação do embrião, a assimilação do alimento e a vida dos vegetais poderiam, na verdade, ser consideradas como manifestações da vontade, e que até mesmo a atração magnética teria tal aparência. "Talvez", diz ele, "seja possível justificar a suposição de uma certa vontade livre em cada movimento da vida." – "A planta parece movimentar-se voluntariamente em direção à luz" etc. – O volume data de 1819, época em que minha obra surgira apenas havia pouco, e é ao menos incerto que esta tenha tido influência sobre ele ou mesmo que lhe tivesse sido conhecida; por isso conto também esse pronunciamento entre as comprovações empíricas imparciais de minha doutrina. – Também *Burdach*, em sua grande *Physiologie* [*als Erfahrungswissenschaft*] [Fisiologia como ciência experimental], vol. 1, § 259, p. 388, chega de modo completamente empírico ao resultado de que "o amor-próprio é uma força que pertence a todas as coisas sem distinção": ele o verifica primeiramente nos animais, depois nas plantas e por fim nos corpos inanimados. Mas o que é o amor-próprio, se não vontade de se manter na existência, vontade para a vida? – Mencionarei, sob a rubrica "Anatomia comparada", também uma outra passagem desse mesmo livro que comprova de modo ainda mais decisivo a minha doutrina. – Vejo, com especial satisfação, nas teses que o sr. dr. Von *Sigriz* defendeu em seu doutoramento em Munique em agosto de 1835, que a doutrina da vontade como princípio vital começa a se expandir também no círculo mais amplo da medicina, encontrando acesso entre seus representantes mais jovens; essas teses iniciam da seguinte maneira: "*1. Sanguis est determinans formam organismi se evolventis. – 2. Evolutio organica determinatur vitae internae actione et voluntate.*" [1. É o sangue que determina a forma do organismo em desenvolvimento. – 2. O desenvolvimento orgânico é determinado pela atividade da vida interior e pela vontade.]

Finalmente, ainda há de mencionar-se uma confirmação bastante curiosa e inesperada desta parte de minha doutrina, divulgada por *Colebrooke* e que parte da antiquíssima filosofia hindu. Na apresentação das escolas filosóficas hindus dada por ele no primeiro volume da *Transactions of the Asiatic* [London] *Society of Great-Britain* [Transações da sociedade asiática londrina da Grã-Bretanha] de 1824, ele aponta, na p. 110, o seguinte como sendo a doutrina da escola Nyaga[22]:

> A vontade (*volition, yatna*), o esforço ou a manifestação volitivos, é uma autodeterminação para a ação que confere satisfação. O desejo é sua ocasião, e a percepção, o seu motivo. Distinguem-se dois tipos de esforços volitivos perceptíveis: aquele que se origina no desejo que busca o agradável e aquele que surge da repulsa, que foge do desagradável. Uma terceira espécie [de esforço volitivo], que se furta à sensibilidade e à percepção, mas é inferida a partir da uma analogia com os atos arbitrários, abarca

---

22. Em toda parte em que menciono passagens de livros em línguas vivas, traduzo-as, citando, porém, a partir do original, mas incluo este somente ali onde a minha tradução puder levantar alguma suspeita. (N.A.)

as funções animais, que têm a força vital invisível como causa. (*Another species, which escapes sensation or perception, but is inferred from analogy of spontaneous acts, comprises animal functions, having for a cause the vital unseen power.*)

Certamente não se compreende "funções animais" no sentido fisiológico da palavra, mas no popular: não há dúvida, portanto, de que a vida orgânica é aqui derivada da vontade. – Uma declaração semelhante de *Colebrooke* encontra-se em seu comentário aos Vedas (*Asiatic Researches* [Pesquisas asiáticas], vol. 8, p. 426), onde se lê: "*Asu é um querer inconsciente* que ocasiona um ato necessário à manutenção da vida, como a respiração etc." (*Asu is unconscious volition, which occasions an act necessary to the support of life, as breathing etc.*)

Além do mais, minha recondução da força vital à vontade não entra de modo algum em conflito com a antiga divisão de suas funções em força reprodutiva, irritabilidade e sensibilidade. Esta permanece como uma diferenciação profunda e dá ocasião para considerações interessantes.

A *força reprodutiva*, objetivada no tecido celular, é o caráter principal da planta e constitui o que há de vegetal no ser humano. Quando o domina predominantemente, suspeitamos de fleuma, vagareza, preguiça, apatia (beócio); embora essa suspeita nem sempre seja confirmada completamente. – A *irritabilidade*, objetivada no tecido muscular, é o caráter principal do animal e constitui o que há de animal no ser humano. Quando o domina predominantemente, costuma encontrar-se destreza, força e coragem, e logo aptidão para esforços físicos e para a guerra (espartano). Quase todos os animais de sangue quente e até mesmo os insetos superam de longe o ser humano em irritabilidade. O animal torna-se consciente de sua existência de maneira mais vivaz na irritabilidade, regozijando-se por isso nas manifestações da mesma. No ser humano, revelam-se ainda traços desse regozijo na dança. – A *sensibilidade*, objetivada nos nervos, é o caráter principal do ser humano e é o que há de efetivamente humano nele. Nenhum animal pode comparar-se nisso com ele, nem de longe. Predominando, ela resulta no *gênio* (ateniense). Por isso a pessoa de gênio é *humana* em um grau mais elevado. Disso se explica que alguns gênios não tenham querido reconhecer as outras pessoas, com suas fisionomias monótonas, marcadas pelo cotidiano, como seres humanos: pois não encontraram nelas seus semelhantes, caindo no engano natural de crer que a sua própria condição fosse a normal. Nesse sentido buscava Diógenes por seres humanos com a lanterna – o genial "Kohelet" [Eclesiastes 7, 28] afirma: "Entre milhares encontrei *uma* pessoa, e nenhuma mulher entre elas" – e Gracián diz, no *Criticón* [O crítico], talvez a maior e mais bela alegoria jamais escrita:

> O mais admirável, porém, era que não encontravam, em toda a nação, mesmo nas cidades mais populosas, nenhuma *pessoa*; mas tudo era povoado por leões, tigres, leopardos, lobos, raposas, macacos, touros, jumentos, porcos – em parte alguma uma pessoa! Somente mais tarde notaram que as poucas pessoas existentes, para se protegerem e não assistir ao que ali se passava, tinham se retirado àqueles ermos que deveriam na verdade servir de lar aos animais selvagens. (reunido a partir das *crisi* 5 e 6 da primeira seção)

Deve-se de fato à mesma razão o certo pendor à solidão próprio de todo gênio, à qual são levados por sua diferença em relação aos demais, e à qual são também adequados por sua riqueza interior, pois, assim como no caso dos diamantes, também entre as pessoas somente os excepcionalmente grandes têm seu efeito sozinhos: os medíocres precisam estar em conjunto e ter um efeito em massa.

Correspondem às três forças fisiológicas fundamentais também os três *gunas*, ou propriedades fundamentais, dos hindus. *Tama-Guna*, apatia, estupidez, corresponde à força reprodutiva – *Radscha-Guna*, passionalidade, à irritabilidade – e *Satva-Guna*, sabedoria e virtude, à sensibilidade. Se aí se adiciona que Tama-Guna é o destino dos animais; Radscha-Guna, o do ser humano; e Satva-Guna, o dos deuses, fala-se em sentido mais mitológico do que fisiológico.

O objeto considerado sob esta rubrica é tratado também no capítulo 20 do segundo volume de *O mundo como vontade e representação*, intitulado "Objetivação da vontade no organismo animal", o qual recomendo como leitura complementar ao que foi aqui exposto. O § 94 do segundo volume dos *Parergis* também tem seu lugar aqui.

Que se note ainda que as passagens das p. 14 e 15 de meu escrito *Sobre as cores* citadas anteriormente remetem à primeira edição, estando para ser publicada uma segunda, que terá uma paginação distinta.

Anatomia comparada

De minha sentença que diz que a "coisa em si" kantiana ou o último substrato de toda aparição é a vontade eu não derivei apenas que também em todas as funções internas e inconscientes do organismo a vontade seja o agente, mas igualmente que esse corpo orgânico mesmo nada mais é além da vontade que penetrou a representação, a vontade mesma, apenas intuída na forma espacial da cognição. De acordo com isso, eu disse que, do mesmo modo que cada ato singular momentâneo da vontade se apresenta instantânea, imediata e inevitavelmente na intuição externa do corpo como uma ação do mesmo, também o querer de cada animal como um todo, a soma de todos os seus anseios, tem a sua imagem fiel no próprio corpo como um todo, na constituição de seu organismo, devendo existir, entre os fins de sua vontade em geral e os meios para a obtenção dos mesmos oferecidos por sua organização, a mais precisa concordância. Ou, de modo sucinto: o caráter de seu querer como um todo deve estar na mesma relação para com a forma e a constituição de seu corpo que o ato singular da vontade está para a ação corporal singular que o executa. – Também isso foi reconhecido recentemente como fato da parte de zootomistas e fisiólogos pensantes, independentemente de minha doutrina, e, portanto, confirmado a posteriori: suas manifestações a respeito dão também aqui o testemunho da natureza para a verdade de minha doutrina.

Na admirável obra *Über die Skelette der Raubtiere* [Sobre os esqueletos dos predadores], de *Pander* e *D'Alton*, 1822, lê-se, na p. 7:

> Se por um lado o característico da constituição óssea provém do *caráter* dos animais; esta se desenvolve, porém, a partir de suas *inclinações* e de seus *apetites*. [...] Essas *inclinações* e esses *apetites* dos animais, que são *expressos tão vivamente* em toda sua organização, e dos quais a organização aparece somente como mediadora, não poderiam ser explicados a partir de forças fundamentais específicas, já que o fundamento íntimo só pode ser aferido a partir da vida da natureza como um todo.

– Com essa última colocação o autor diz, na verdade, que ele chegou, como todo pesquisador da natureza, àquele ponto em que deve parar, por ter esbarrado no metafísico, e que, no entanto, o último elemento recognoscível nesse ponto, para além do qual a natureza se furta à sua pesquisa, foram *inclinações e apetites*, isto é, vontade. "O animal é *assim* porque *assim o quer*" seria a expressão sucinta para seu resultado final.

Não menos expressivo é o testemunho dado à minha verdade pelo pensador erudito *Burdach* em sua grande *Physiologie* [Fisiologia], vol. 2, § 474, onde ele trata do último fundamento da constituição do embrião. Infelizmente não posso silenciar que esse homem, em geral tão admirável, introduz justamente nesse ponto, em um momento de fraqueza e Deus sabe por quem ou por que desencaminhado, algumas frases daquela pseudofilosofia completamente sem valor, violentamente forçada, sobre um "pensamento" que seria o originário (ele é justamente o último e mais condicionado de todos), e ainda assim "nenhuma representação" (ou seja, um absurdo completo). Mas logo depois, na p.710, novamente sob influência do melhor de si, ele diz a pura verdade:

> O cérebro desenvolve a retina pelo fato de o embrião *querer* apreender em si as impressões da atividade no mundo; a mucosa do trato intestinal desenvolve-se em pulmões pelo fato de o corpo orgânico *querer* entrar em relação com os materiais elementares do mundo; do sistema vascular brotam órgãos reprodutivos pelo fato de o indivíduo viver somente na espécie e de a vida nele iniciada *querer* se multiplicar.

– Essa declaração de *Burdach*, tão completamente de acordo com minha doutrina, lembra uma passagem do antiquíssimo *Mahabharata*, a qual, a partir deste ponto de vista, sentimo-nos fortemente tentados a tomar como expressão mítica da mesma verdade. Ela se encontra no terceiro canto do episódio de Sunda e Upasunda no *Ardschunas Reise zu Indras Himmel, nebst andern Episoden des Mahabharata* [A viagem de Ardshuna ao paraíso de Indra, entre outros episódios do Mahabharata] de Bopp, 1824. Nela, Brahma cria Tilottama, a mais bela das mulheres, a qual agora ronda a reunião dos deuses: Shiva tem uma tal avidez de vê-la que, estando ela a girar sucessivamente em torno do círculo, lhe surgem quatro rostos, de acordo com sua posição, isto é, de acordo com os quatro pontos cardeais. Talvez as representações de Shiva com cinco cabeças – Pansh Mukhti Shiva – remetam a essa cena. Surgem, igualmente, na mesma ocasião, inúmeros olhos por todo o corpo de Indra.[F17] – Na verdade, cada órgão deve ser considerado como a expressão de uma manifestação universal – isto é, realizada de uma só vez – da vontade, de um desejo fixo, de um ato da vontade não do indivíduo, mas da espécie. Cada forma animal é um desejo da vontade para a vida evocado pelas condições dadas: por exemplo, ela é tomada pelo desejo de viver em árvores, de pendurar-se em seus ramos, de alimentar-se de suas folhas, sem lutar com outros animais e sem jamais tocar o solo: esse desejar apresenta-se, ao longo de um tempo infinito, na forma (ideia platônica) do bicho-preguiça. Ele mal é capaz de andar, pois é destinado somente a trepar: desamparado no solo, ele é ágil nas árvores e tem ele mesmo a aparência de um ramo coberto de musgo, para que nenhum predador o note. – Mas desejamos agora considerar a coisa de modo mais prosaico e metódico.

A adequação evidente, estendida ao mais particular, de cada animal à sua forma de vida, aos meios externos de sua manutenção, e a extrema perfeição constitutiva de sua organização são um material riquíssimo para considerações teleológicas, às quais o espírito humano dedicou-se com prazer desde sempre, e que, em seguida, expandidas à natureza inanimada, se tornaram o argumento da prova físico-teológica. A absoluta conformidade aos fins, a evidente intencionalidade em todas as partes do organismo animal indica de modo demasiado nítido que aqui não agiram forças da natureza casuais e desorientadas, mas sim uma vontade, para que isso jamais pudesse ser ignorado seriamente. Não se podia, no entanto, a partir do ponto de vista do conhecimento empírico, imaginar a ação de uma vontade de outro modo que não guiada por cognição. Pois antes de mim tomava-se, como já discutido sob a rubrica anterior, vontade e cognição como totalmente inseparáveis, via-se a vontade como uma mera operação da cognição, essa suposta base de tudo que é espiritual. De acordo com essa visão, portanto, onde quer que a vontade estivesse atuante, esta devia estar sendo guiada pela cognição, e consequentemente também no presente caso. O meio da cognição, porém, que, enquanto tal, está voltado para fora, implica que uma vontade que aja por meio dele só possa agir para fora, isto é, *de um ente sobre outro*. Por isso não se buscou a vontade, cujos vestígios inconfundíveis foram encontrados, ali, onde se os encontrou, mas se a deslocou para fora, fazendo do animal um produto de uma vontade estranha a ele, guiada pela cognição, e cuja cognição, portanto, haveria de ter sido muito nítida, uma finalidade elaborada, que teria antecedido a existência do animal, e que, conjuntamente com a vontade cujo produto o animal é, teria de ser externa a ele. De acordo com essa visão, o animal teria existido na representação antes de existir na realidade ou em si. Essa é a base da linha de pensamento sobre a qual repousa a prova físico-teológica. Essa prova, no entanto, não é um mero sofisma escolástico como a ontológica, tampouco traz em si um adversário natural incansável como o tem a prova cosmológica na própria lei da causalidade a que deve sua existência; ao contrário, ela é realmente para o homem culto aquilo que a prova queraunológica[23] é para o povo[F18], e ela possui tal aparência de verdade que até as cabeças mais eminentes e ao mesmo tempo mais imparciais estiveram profundamente enredadas nela, como, por exemplo, Voltaire, o qual sempre retorna a ela após dúvidas de todo tipo, sem ver nenhuma possibilidade de superá-la, chegando praticamente a igualar a sua evidência a uma evidência matemática. Até mesmo

---

23. Entre essas nomenclaturas eu gostaria de adicionar, às três provas enumeradas por Kant, uma quarta, a *a terrore*, que é designada pelo antigo dito de Petrônio "*Primus in orbe deos fecit timor*" [Para a crença em Deus a origem foi apenas o temor; *Fragmenta* [Fragmentos] 27, 1] e como cuja crítica a incomparável *Natural history of religion* [História natural da religião] de *Hume* deve ser vista. É também nesse sentido que a prova a partir do sentimento de dependência, intentada pelo teólogo Schleiermacher, tem sua verdade; e não exatamente aquela que o seu fundador imaginara. (N.A.) [Schopenhauer deriva essa nomenclatura do grego κεραυνός (raio, relâmpago), referindo-se ao caráter assustador da natureza. (N.T.)]

Priestley (*Disquisition* [*relating*] *to matter and spirit* [Dissertação acerca da matéria e do espírito], seção 16, p. 188) considera-a irrefutável. Apenas a prudência e a perspicácia de *Hume* mantiveram-se também aqui: esse autêntico precursor de Kant, em seus *Dialogues concerning natural religion* [Diálogos concernentes à religião natural] (parte 7, entre outras passagens), tão dignos de leitura, chama a atenção para como no fundo não há nenhuma semelhança entre as obras da natureza e aquelas de uma arte guiada por uma intencionalidade. Tanto mais deslumbrante é aqui o brilhante serviço prestado por *Kant*, tanto na *Crítica da faculdade do juízo* como na da *razão pura*, onde ele cortou, como das outras duas, também dessa prova altamente capciosa o *nervus probandi* [nervo da demonstração]. Um resumo bastante sucinto dessa refutação kantiana da prova físico-teológica pode ser encontrada no vol. 1 de minha obra magna, p. 597. Kant prestou com isso um grande serviço: pois nada é mais contrário à visão correta da natureza e da essência das coisas do que uma tal concepção das mesmas como uma obra feita de acordo com um cálculo astuto. Se, portanto, um duque de Bridgewater ofereceu grandes quantias como prêmio com a finalidade da firmação e perpetuação de tais enganos fundamentais, nós, por outro lado, queremos, sem outra recompensa que não a da verdade, seguindo os passos de Hume e Kant, trabalhar sem medo em sua destruição. A verdade é digna de honras; e não o que se lhe opõe. Mas também aqui Kant limitou-se à verdade negativa: esta, porém, tem seu efeito pleno somente se completada por uma positiva correta, que é a única a conceder satisfação completa e a expulsar por si própria o engano, conforme diz a sentença de Spinoza: "*Sicut lux se ipsam et tenebras manifestat, sic veritas norma sui et falsi est*". [Assim como a luz torna evidentes tanto a si como à escuridão, também a verdade é a medida para si e para o falso; *Ética*, 2, prop. 43, escólio.] Dizemos, portanto, em primeiro lugar: o mundo não é feito com ajuda da cognição, e consequentemente tampouco a partir de fora, mas de dentro; e assim estaremos nos esforçando em apontar o *punctum saliens* [ponto de saliência] do ovo cósmico. Por mais que o pensamento físico-teológico, segundo o qual deve ter sido um intelecto que ordenou e modelou a natureza, agrade ao entendimento cru, ele não deixa, com isso, de ser fundamentalmente absurdo. Pois o intelecto nos é conhecido apenas a partir da natureza animal, e consequentemente como um princípio totalmente secundário e subordinado no mundo, um produto de origem tardia: ele não pode, portanto, jamais ser a condição de sua existência; nem pode um *mundus intellegibilis* [mundo inteligível] anteceder o *mundus sensibilis* [mundo sensível], uma vez que ele recebe deste último todo o seu material. Não foi um intelecto que trouxe a natureza à existência, mas a natureza o intelecto. A vontade, por outro lado, por preencher tudo e em tudo se manifestar imediatamente, determinando-o assim como aparição sua, aparece em toda parte como o primordial. É justamente por isso que é possível explicar todos os fatos teleológicos a partir da vontade do próprio ente em que se encontram.

Além do mais, a prova físico-teológica deixa-se enfraquecer já por meio da observação empírica de que as obras dos impulsos artificiosos[24] animais – a teia da aranha, a colmeia das abelhas, o cupinzeiro etc. – são constituídas como se tivessem surgido inteiramente por

---

24. O termo aqui utilizado é *Kunsttrieb* (de *Kunst* ["arte"], raiz de *künstlich* ["artificial"] + *Trieb* ["impulso"]: daí a tradução por "impulso artificioso"), um conceito que acolheu um certo número de significados ao longo da era moderna, provavelmente desde meados do século XVIII. Neste contexto, Schopenhauer refere-se àqueles instintos animais associados à manipulação de material inorgânico – como é possível notar a partir dos exemplos subsequentes. (N.T.)

consequência de um conceito de finalidade, de cuidados extremos e de reflexão racional, enquanto são evidentemente obra de um impulso cego, isto é, de uma vontade não guiada pela cognição: donde segue que concluir, a partir de tal constituição, uma tal gênese – como sempre ao concluir-se a causa a partir do efeito – não é seguro. Uma consideração minuciosa dos impulsos artificiosos é dada no capítulo 27 do segundo volume de minha obra magna, o qual, junto com o capítulo sobre teleologia que o antecede, pode ser utilizado como complemento a toda a consideração de que nos ocupamos sob a presente rubrica.

Se penetrarmos agora um pouco mais na conformidade anteriormente mencionada da organização de cada animal em relação a seu modo de vida e aos meios para manter sua existência, surge a questão de se o modo de vida teria se ajustado à organização ou esta àquele. À primeira vista o primeiro parece mais correto, uma vez que, segundo o tempo, a organização antecede o modo de vida, de forma que se acredita que o animal se apossou do modo de vida para o qual sua constituição era mais apropriada, utilizando seus órgãos preexistentes da melhor maneira: o pássaro voa por ter asas; o touro chifra por ter chifres, e não o contrário. Também Lucrécio pensa assim (o que é sempre um sinal de dubiedade para uma opinião):

Nil ideo quoniam natum est in corpore, ut uti
Possemus, sed quod natum est, id procreat usum.

[Pois nada no corpo surge para que o usemos,
Mas aquilo que surgiu é a causa de o utilizarmos.
De rerum natura [Da natureza das coisas], 6, 831ss.]

o que ele desenvolve em 4, 825-843. Ocorre que sob essa suposição permanece inexplicado como as partes totalmente distintas do organismo de um animal correspondem, em seu conjunto, com exatidão ao seu modo de vida, sem que nenhum órgão atrapalhe o outro, ao contrário, apoiando-se eles mutuamente, nem tampouco permanecendo algum deles sem uso, nem sendo possível que algum órgão subordinado servisse melhor a outro modo de vida, o que ocorreria caso somente os órgãos principais tivessem determinado aquele que o animal realmente leva; muito antes, cada parte do animal corresponde exatamente tanto a todas as outras quanto ao seu modo de vida; as garras, por exemplo, têm sempre a habilidade de agarrar a presa, os dentes servem para dilacerá-la e quebrá-la e o trato intestinal para digeri-la, os membros articulados têm a habilidade de levar até o local em que a presa se encontra, e nenhum órgão jamais permanece inutilizado. Desse modo, o tamanduá, por exemplo, não possui somente garras longas nas patas dianteiras para arrebentar o cupinzeiro, mas também um focinho longo e cilíndrico com uma boca pequena e uma língua longa e filiforme coberta de muco adesivo, a qual ele insere no ninho dos cupins, recolhendo-a em seguida, coberta de insetos; por outro lado, ele não possui dentes, pois não necessita deles. Quem não vê que a forma do tamanduá está para os cupins como um ato da vontade está para o seu motivo? E há uma contradição tamanha entre os braços poderosos, munidos de garras fortes, longas e curvas do tamanduá e a total ausência de dentição que, se a Terra sofresse mais uma transformação, o tamanduá fossilizado seria, para a espécie de entes racionais que então surgisse, um enigma insolúvel, caso estes não conhecessem cupins. – O pescoço tanto das aves quanto dos quadrúpedes é via de regra tão longo quanto suas pernas, para que possam alcançar o seu alimento no solo; mas é frequentemente muito maior nas aves aquáticas, pois estas buscam, nadando, o seu alimento debaixo d'água.[F19] Aves pantaneiras possuem pernas desmesuradamente longas para que possam vadear sem se afogarem nem ficarem molhadas, possuindo por isso pescoço e bico compridos, este último sendo forte ou fraco, dependendo de se o pássaro se alimenta de répteis, peixes ou vermes, ao que também correspondem sempre os intestinos: as aves pantaneiras, porém, não possuem nem garras, como as aves de rapina, nem nadadeiras, como os patos: pois a *lex parsimoniae naturae* [a lei de parcimônia da natureza] não permite a existência de nenhum órgão supérfluo. Justamente essa lei, em conjunto com o fato de não faltar jamais a nenhum animal um órgão que seja exigido por seu meio de vida, mas todos, mesmo os mais distintos, estarem em acordo uns com os outros, agindo como que destinados a um modo muito específico de vida, ao elemento em que sua presa se encontra, à sua perseguição, à sua captura, a triturá-la e digeri-la, isso tudo comprova que foi o modo de vida querido pelo animal para sua manutenção que determinou a sua constituição – e não o contrário; isso comprova também que a coisa tenha ocorrido justamente dessa forma, como se um conhecimento do modo de vida e de suas condições externas tivesse antecedido a sua constituição, como se cada animal tivesse escolhido, assim, o seu equipamento, antes que se corporificasse; assim como um caçador que, antes de sair, escolhe todo o seu equipamento – a pederneira, o chumbo, a pólvora, a bolsa de caça, o facão e as vestimentas – de acordo com a besta que ele deseja abater: ele não atira no porco-do-mato por estar carregando o trabuco, mas tomou, ao contrário, o trabuco, e não a passarinhadeira, por ter saído à caça de porcos-do-mato: e o touro não chifra por ter chifres; mas possui chifres por querer chifrar. Ainda podemos adicionar, para completar a prova, que em muitos animais, ainda durante a fase de crescimento, a ânsia volitiva que deverá servir a um membro é manifesta antes mesmo de o membro estar dado, seu uso antecedendo assim sua existência. Desse modo, jovens bodes, carneiros e bezerros chocam-se com a cabeça antes mesmo de possuírem chifres; o jovem javali já investe para todos os lados, enquanto as presas que corresponderiam ao efeito intencionado ainda lhe faltam: por outro lado, ele não se utiliza dos dentes menores que já tem na boca e com os quais poderia realmente morder. Ou seja, o seu modo de defesa não se pauta pela arma disponível, muito pelo contrário. Isso foi notado já por Galeno (*De usu partium animalium* [Do uso das partes animais] 1, 1), e antes dele por Lucrécio ([*De rerum natura*] 5, 1032-39). Obtemos com isso a completa certeza de que a vontade não utiliza as ferramentas simplesmente por estarem disponíveis, nem as partes do corpo por estas serem as únicas dadas, como se fosse algo secundário, surgido da cognição; ao contrário, estamos certos de que o primeiro e originário é a ânsia para viver desse modo, para lutar dessa maneira; ânsia esta que não se apresenta apenas no uso, mas já na existência da arma, tanto que o primeiro frequentemente precede a última, demonstrando que a arma se instala devido à presença da ânsia, e não o contrário: e assim é com todas as partes do corpo em geral. Já Aristóteles afirmou isso ao dizer de insetos armados com um ferrão: Διὰ τὸ θυμὸν ἔχειν ὅπλον ἔχει (Quia iram habent, arma habent) [Por terem combatividade, têm armas] (*Das partes dos animais* 4, 6 [683a 7]) – e, mais adiante (cap. 12 [964b 13]), em nível geral: Τὰ δ'ὄργανα πρός τὸ ἔργον ἡ φύσις ποιεῖ, ἀλλ᾽ οὐ τὸ ἔργον πρὸς τὰ ὄργανα. (*Natura enim instrumenta ad officium, non officium ad instrumenta accommodat.*) [A natureza faz os órgãos para a atividade, e não a atividade devido aos órgãos.] O resultado é: a constituição de cada animal orientou-se segundo a sua vontade.

Essa verdade impõe-se ao zoólogo e ao zootomista pensantes com tal evidência que, no caso de seu espírito não estar refinado por uma filosofia mais profunda, ele pode ser desencaminhado para estranhos enganos. Isso ocorreu realmente com um zoólogo de primeiro nível, o inesquecível *De Lamarck*, a ele, que prestou um serviço imortal na descoberta da divisão tão profunda entre vertebrados e invertebrados. Pois ele afirma, em sua *Philosophie zoologique* [Filosofia zoológica], vol. 1, cap. 7, e em sua *Histoire naturelle des animaux sans vertèbres* [História natural dos animais invertebrados], vol. 1, introdução, p. 180-212, com toda seriedade, esforçando-se por demonstrá-lo detalhadamente, que a forma, as armas próprias e todo tipo de órgãos voltados para fora de qualquer espécie animal não teriam sido dados de modo algum em sua origem, mas que, ao contrário, teriam *se desenvolvido* gradativamente *no decorrer do tempo* e pela sucessão de gerações, somente por consequência de esforços da vontade do animal, desencadeados pelas condições de suas circunstâncias e de seu ambiente, por meio de seus próprios esforços repetidos e dos hábitos daí surgidos. Desse modo, diz ele, as aves e os mamíferos aquáticos obtiveram gradativamente suas membranas natatórias somente por terem afastado os dedos dos pés ao nadar; aves pantaneiras obtiveram pernas e pescoços longos por consequência de seu vadear; os bovídeos obtiveram seus chifres gradualmente somente porque, na falta de uma mandíbula apropriada, lutavam apenas com a cabeça, e essa vontade de lutar gerou gradualmente chifres ou galhadas; o caramujo era a princípio desprovido de tentáculos sensoriais, mas, devido à necessidade de tatear os objetos que estavam à sua volta, eles se constituíram gradualmente; todos os felinos obtiveram garras somente com o tempo e a partir da necessidade de lacerar a presa, e também a bainha das garras e sua mobilidade provêm da necessidade de preservá-las ao andar e de não serem por elas atrapalhados; a girafa, na África árida e desgramada, voltada para a folhagem de árvores altas, esticou tanto as pernas dianteiras e o pescoço até adquirir a sua impressionante forma de vinte pés de altura. E assim perpassa ele uma grande quantidade de espécies animais, deixando-as se constituir de acordo com esse mesmo princípio, sem notar jamais a objeção evidente de que a espécie animal que faz tais esforços, antes que pudesse obter no decorrer de incontáveis gerações os órgãos necessários para sua manutenção, já deveria ter perecido e se extinguido devido à ausência destes. É a cegueira devida à adoção de uma hipótese. Esta, porém, surgiu de uma apreensão muito correta e profunda da natureza, é um engano genial, o qual merece ser honrado apesar de toda absurdidade por detrás dele. O que há de verdadeiro nisso pertence-lhe enquanto pesquisador da natureza: ele viu corretamente que a vontade do animal é o elemento originário que determinou a sua organização. O falso, por outro lado, deve-se ao estado atrasado da metafísica na França, onde ainda reinam *Locke* e seu fraco sucessor *Condillac* – sendo por isso os corpos coisas em si, o tempo e o espaço determinações das coisas em si – e onde a grande, tão absolutamente consequente doutrina da idealidade do espaço e do tempo, e com isso também de tudo que neles se apresenta, ainda não penetrou. Devido a isso, *De Lamarck* foi incapaz de pensar a sua construção dos entes de outro modo que não no tempo, pela sucessão. Da Alemanha, a profunda influência de Kant baniu para sempre enganos desse tipo, assim como o absurdo crasso do atomismo francês e as edificantes considerações físico-teológicas dos ingleses. Vê-se o quão benfazejo e duradouro é o efeito de um grande espírito, mesmo sobre uma nação capaz de abandoná-lo para seguir sacos de vento e charlatães. *De Lamarck*, porém, não podia jamais ter chegado ao pensamento de que a vontade do animal, enquanto coisa em si, poderia estar fora do tempo, sendo nesse sentido mais originária que o próprio animal. Por isso, ele supõe primeiramente o animal sem órgãos determinados, mas também sem anseios determinados, equipado somente com a percepção: esta lhe fornece o conhecimento das condições sob as quais deve viver, e desse conhecimento surgem seus anseios, isto é, sua vontade, e desta, finalmente, seus órgãos ou sua corporização determinada, e isso com ajuda da sucessão das gerações, e, portanto, em um tempo incomensurável. Tivesse ele tido a coragem de levar esse raciocínio às últimas consequências, ele precisaria ter suposto um animal primordial, o qual deveria consequentemente ser desprovido de qualquer forma e órgãos, e que teria se transformado, agora, na miríade de formas animais de toda espécie, do mosquito ao elefante, de acordo com condições climáticas e locais e com seu devido reconhecimento. – Na verdade, porém, esse animal primordial é a *vontade para a vida*: no entanto, ela é, enquanto tal, algo metafísico, e não físico. Aliás, toda espécie animal determinou, por meio de sua própria vontade e de acordo com as condições sob as quais queria viver, sua forma e sua organização, porém não como algo físico no tempo, mas como algo metafísico fora do tempo. A vontade não surgiu da cognição, tendo esta acompanhado o animal desde antes do surgimento da vontade, um mero acidente, algo secundário, mesmo terciário; ao contrário, a vontade é o primeiro, o ente em si: sua aparição (mera representação no intelecto cognoscente e em suas formas espaço e tempo) é o animal, equipado com todos os órgãos, os quais representam a vontade de viver sob essa condição específica. Também o intelecto, a cognição mesma, pertence a esses órgãos e encontra-se, como todo o resto, precisamente de acordo com o modo de vida de cada animal, enquanto *De Lamarck* faz com que a vontade surja somente a partir dele.

Observem-se as inumeráveis formas animais. Cada uma é, em sua totalidade, nada mais que a efígie de seu querer, a expressão visível dos impulsos volitivos que constituem seu caráter! A diferença entre as formas é apenas a imagem dessa diferença entre os caracteres. Os animais diaceradores, voltados à luta e à caça, apresentam-se dotados de mandíbulas e garras amedrontadoras e de músculos fortes; sua visão estende-se para mais além: especialmente quando, como a águia e o condor, precisam avistar sua presa de uma altura vertiginosa. Os animais amedrontados, que têm a vontade de buscar sua segurança não na luta, mas na fuga, surgem dotados, em vez de armas, de pernas velozes e audição aguçada; o que exigiu, no caso do mais amedrontado entre eles, o coelho, até mesmo um alongamento visível do ouvido externo. Ao externo corresponde o interno: os carnívoros têm intestinos curtos, os herbívoros os têm longos, para um processo de assimilação mais longo; à grande força muscular e à irritabilidade associam-se, como condição necessária, uma respiração forte e uma circulação sanguínea veloz, representadas por órgãos apropriados para tal; e uma contradição não é em parte alguma possível. Toda ânsia específica da vontade apresenta-se numa modificação específica da forma. Por isso *o ambiente da presa determina a forma do perseguidor*; se aquela se retirou para elementos dificilmente acessíveis, para esconderijos distantes, para a escuridão noturna, então o perseguidor assume a forma adequada para tal, e não há nenhuma que seja grotesca a tal ponto que a vontade para a vida, para atingir seu fim, não surgisse nela. O *Loxia curvirostra* [cruza-bico-comum] possui a forma anormal de seu bico para extrair a semente de entre as escamas da pinha de abeto. É para encontrar os répteis em seus pântanos que as aves pantaneiras vêm com pernas, pescoços e bicos especialmente compridos, e nas formas mais inacreditáveis. É para desenterrar os cupins que o tamanduá de quatro pés de comprimento vem equipado com pernas curtas, garras fortes e um focinho longo, estreito e desdentado, mas dotado de uma língua filiforme e grudenta. O pelicano vai pescar com uma bolsa monstruosa sob o bico, de modo a meter ali uma grande quantidade de peixes. As corujas saem à noite para atacar os que dormem, com suas pupilas enormes para enxergar no escuro, e com penas muito macias, para que o seu voo seja silencioso e não acorde os dormentes. O *Silurus*, o *Gymnotus* e o *Torpedo* [siluro, muçum, raia-elétrica] trazem consigo até mesmo um aparato elétrico completo para atordoar sua presa antes de a alcançarem, assim como também para a defesa contra os *seus próprios* perseguidores. Pois onde algo vivo respira, logo surge outro para devorá-lo[F20], e cada um é como que intencionalmente calculado, até o nível mais específico, para a aniquilação de um outro. Por exemplo: entre os insetos, os *Ichneumonidae*[25], para alimentar a sua prole futura, põem seus ovos no corpo de certas lagartas e larvas semelhantes, as quais perfuram com um ferrão. Aqueles que põem seus ovos em larvas que rastejam livremente possuem ferrões bastante curtos, de mais ou menos 1/8 polegada: a *Pimpla manifestator*, por outro lado, que põe seus ovos na *Chelostoma maxillosa*, cuja larva se encontra oculta nas profundezas de madeiras velhas, as quais as outras não podem alcançar, possui um ferrão de duas polegadas de comprimento; e também o *Ichneumon*

---

25. Família de vespas mais rica em espécies de toda a ordem *Hymenoptera* (que inclui vespas, abelhas e formigas). (N.T.)

strobillae, que põe seus ovos em larvas que vivem em pinhas de abeto, o tem quase do mesmo tamanho: com ele abre caminho até a larva, pica-a e põe um ovo na ferida, cujo produto mais tarde devorará a larva (Kirby e Spence, *Introduction to entomology* [Introdução à entomologia], vol. 1, p. 355). Também nos animais perseguidos mostra-se com igual nitidez, na armadura defensiva, a vontade de escapar ao seu oponente. Ouriços e porcos-espinho erguem uma floresta de lanças em torno de si. Blindados dos pés à cabeça, inacessíveis ao dente, ao bico e à garra, surgem o tatu, o pangolim e a tartaruga, e também, entre os animais menores, toda a classe dos crustáceos. Outros buscaram sua proteção não na resistência física, mas em iludir o perseguidor: desse modo, a sépia equipou-se com o material para uma nuvem sombria, que ela espalha em torno de si no momento do perigo; a preguiça parece-se enganadoramente com um galho coberto de musgo; a rã arborícola, com uma folha; e assim também incontáveis insetos com os seus ambientes: o piolho dos negros é preto[26]; a nossa pulga também o é, mas esta pode confiar em seus saltos largos e imprevisíveis, para os quais investiu num aparato tão incomparavelmente poderoso. – A antecipação, porém, que ocorre em todos esses casos, pode ser mais bem compreendida naquela que podemos observar no caso dos impulsos artificiosos. A jovem aranha e a formiga-leão [*Myrmeleontidae*] não conhecem ainda a presa para a qual constroem uma armadilha pela primeira vez. E o mesmo na defesa: segundo *Latreille*, o inseto *Bombyx* [mariposa-da-seda] mata com seu ferrão a panorpa [mosca-escorpião], embora não se alimente dela nem seja por ela atacado, mas porque esta irá mais tarde pôr seus ovos em seu ninho e assim bloquear o

---

26. Blumenbach: *De humani generis varietati nativa* [Das variações naturais do gênero humano], p. 50. – Sömmering: *Vom Neger* [Do negro], p. 8. (N.A.)

desenvolvimento de seus próprios ovos – o que ele, porém, não sabe. Em tais antecipações confirma-se novamente a idealidade do tempo, a qual aparece sempre, tão logo a vontade enquanto coisa em si ganha a palavra. Nesse, como também em outros casos, os impulsos artificiosos e as funções fisiológicas dos animais servem como explicação uns para os outros, pois em ambos a vontade age sem cognição.

Como ocorre com todo órgão e com toda arma, tanto ofensiva quanto defensiva, a vontade equipou-se em todas as formas animais com um *intelecto*, como meio para a manutenção do indivíduo e da espécie: por isso os antigos chamaram o intelecto de ἡγεμονικόν, quer dizer, o guia, o líder. Por consequência, o intelecto é destinado exclusivamente ao serviço da vontade e é em toda parte precisamente adequado a ela. Os predadores necessitavam mais dele, e também possuem evidentemente muito mais intelecto que os herbívoros. O elefante e em certa medida também o cavalo constituem exceções; mas o entendimento admirável dos elefantes era necessário, pois, dada a duração de sua vida de duzentos anos e a proliferação muito reduzida, ele precisava cuidar de uma manutenção mais longa e segura dos indivíduos, e isso em terras abundantes nos mais vorazes, fortes e ágeis predadores. Também o cavalo tem uma vida mais prolongada e uma reprodução mais econômica do que os ruminantes: além disso, sendo desprovido de chifres, presas, tromba, sem nenhuma arma além de seus cascos, ele precisava de mais inteligência e maior velocidade para escapar do perseguidor. O entendimento excepcional dos símios era necessário: em parte porque, em comparação com uma vida que mesmo nos de tamanho mediano se prolonga por até cinquenta anos, eles têm uma proliferação reduzida, dando à luz apenas *um* filhote por vez; especialmente, porém, por possuírem *mãos*, as quais precisavam ser regidas por um entendimento que as utilizasse apropriadamente, e em cujo uso eles confiam, tanto em sua defesa por meio de armas externas como pedras e paus, como também em sua alimentação, que torna necessária uma certa quantidade de artifícios e em geral um sistema social de roubo, pleno de artimanhas, que inclui passar de mão em mão frutas roubadas, montar guarda etc. A isso se soma ainda que esse entendimento é próprio principalmente do seu período de juventude, no qual a força muscular ainda não está desenvolvida: o jovem pongo ou orangotango, por exemplo, possui na juventude um cérebro relativamente preponderante e uma inteligência muito maior do que na idade madura, quando a força muscular alcançou seu desenvolvimento completo, substituindo o intelecto, que é fortemente reduzido com isso. O mesmo vale para todos os símios: o intelecto entra aqui em ação como um substituto temporário para a força muscular futura. Esse curso de eventos foi discutido exaustivamente no *Résumé [analytique] des observations de Frédéric Cuvier sur l'instinct et l'intelligence des animaux* [Resumo analítico das observações de Frédéric Cuvier sobre o instinto e a inteligência dos animais], de Flourens, 1841, de onde eu já incluí todo o trecho aqui pertencente no segundo volume de minha obra magna, ao final do capítulo 31, única razão pela qual eu não o repito aqui. – Em nível geral, a inteligência eleva-se entre os mamíferos gradualmente, dos roedores aos ruminantes, depois aos paquidermes, aos predadores e por fim aos quadrúmanos [símios]: e esse resultado da observação exterior é confirmado pela anatomia no correspondente desenvolvimento do cérebro segundo a mesma ordem (de acordo com Flourens e Frédéric Cuvier).[F21] – Entre os répteis, as cobras, que podem até mesmo ser adestradas, são as mais espertas; isso por serem predadoras e, principalmente as venenosas, se reproduzirem mais lentamente que os demais. – Assim como em relação às armas físicas, também aqui encontramos em toda parte a vontade como o *prius* e seu equipamento, o intelecto, como o *posterius*. Predadores não saem à caça, nem raposas para furtar, por terem mais entendimento; mas é pelo fato de quererem viver da caça e do furto que possuem, assim como mandíbulas e garras mais fortes, também mais entendimento. A raposa até mesmo substituiu o que lhe falta em potência muscular e força da mordida com um refinamento preponderante do entendimento. – Uma elucidação peculiar de nossa proposição é fornecida pelo caso do pássaro *dodô*, também chamado de dodó (*Didus ineptus*[27]), das Ilhas Maurício, cuja espécie foi sabidamente extinta, o qual, como sua nomenclatura específica latina já demonstra, era extremamente estúpido, donde sua extinção já se explica; parece que aqui a natureza foi uma vez longe demais na execução de sua *lex parsimoniae* [lei da parcimônia], trazendo à luz, em certa medida, como frequentemente no nível do indivíduo, aqui também no da espécie uma aberração, a qual não podia absolutamente se sustentar enquanto tal. – Se nesta oportunidade alguém lançasse a pergunta de se a natureza não deveria ter dado aos insetos pelo menos entendimento o suficiente quanto fosse necessário para que não se precipitassem à luz de uma chama, a resposta seria: certamente que sim, mas ela não sabia que os homens iriam um dia acender luzes: e "*natura nihil agit frustra*" [a natureza nada faz em vão; segundo Aristóteles, *De incessu animalium* [Dos desenvolvimentos animais], cap. 2, 704b 15]. Ou seja, o entendimento dos insetos é insuficiente apenas para um meio não natural.[F22]

---

27. Hoje *Raphus cucullatus*. (N.T.)

De fato, a inteligência depende sempre do sistema cerebral, e este encontra-se em uma relação necessária com o restante do organismo, razão de os animais de sangue frio serem, nesse aspecto, de longe inferiores aos de sangue quente, assim como os invertebrados aos vertebrados. Mas o organismo é justamente a vontade tornada visível, à qual, enquanto o absolutamente originário, tudo remete: suas carências e finalidades, em cada aparição, dão a medida aos meios, e estes precisam estar de acordo entre si. A planta não tem apercepção por não ter nenhuma mobilidade: pois para que aquela teria lhe servido, se de qualquer maneira não iria poder se utilizar dela para buscar o vantajoso e escapar do que lhe fosse danoso? E, ao contrário, a mobilidade não lhe teria serventia, uma vez que ela não possui nenhuma apercepção para guiá-la. Por isso ainda não ocorre na planta a dualidade inseparável de sensibilidade e irritabilidade, mas elas dormitam em seu elemento fundamental, a força reprodutiva, na qual unicamente a vontade se objetiva nesse caso. O girassol e toda planta quer a luz: mas seu movimento em direção a ela ainda não está separado de sua percepção dela, e ambos coincidem com seu crescimento. – No ser humano, o entendimento, tão superior ao dos animais, apoiado pela razão (a faculdade de representações não intuitivas, isto é, conceitos: reflexão, faculdade do pensamento) que a ele se soma, deve-se, no entanto, em parte a suas carências, que superam largamente as dos animais, multiplicando-se ao infinito; em parte à sua completa ausência de armas e camuflagens naturais e à sua força muscular relativamente mais fraca, na qual ele é muito inferior a um símio de seu tamanho; também à sua incapacidade para a fuga, sendo superado na corrida por todos os mamíferos quadrúpedes; e finalmente também à sua proliferação lenta, à longa infância e ao longo tempo de vida, que exigem uma manutenção segura do indivíduo. Todas essas grandes exigências precisavam ser supridas por forças intelectuais: por isso, estas são aqui tão preponderantes. Em toda parte, porém, encontramos o intelecto como o secundário, subordinado, destinado a servir somente aos fins da vontade. Fiel a essa determinação, ele permanece via de regra exclusivamente submetido a ela. Como ele ainda assim se liberta disso com uma preponderância enorme da vida cerebral, por meio de que a cognição puramente objetiva entra em jogo, a qual se eleva até ao gênio, foi por mim demonstrado extensivamente no terceiro livro, a parte estética de minha obra magna, e mais tarde também detalhado nos *Parergis*, vol. 2, §§ 50-57, e no § 206.

Quando, então, após todas essas considerações sobre a concordância exata entre a vontade e a organização de cada animal, observamos desse ponto de vista um gabinete osteológico, parece que estamos na verdade vendo um e o mesmo ente (aquele animal primordial de Lamarck, mais corretamente: a vontade para a vida) modificar sua forma de acordo com as condições, trazendo à existência, a partir de igual número e ordenação de seus ossos, por meio de prolongamento e encurtamento, fortalecimento e enfraquecimento dos mesmos, essa multiplicidade de formas. Esse número e essa ordenação dos ossos, chamados por Geoffroy Saint-Hilaire (*Principes de philosophie zoologique* [Princípios de filosofia zoológica], 1830) de *elemento anatômico*, permanecem, como ele demonstra exaustivamente, essencialmente idênticos ao longo de toda a ordem dos vertebrados, sendo uma grandeza constante, algo dado de saída, determinado irrevogavelmente por uma necessidade inescrutável – cuja imutabilidade pretendo comparar com a permanência da matéria em todas as mudanças físicas e químicas: logo retornaremos a isso. Juntamente com isso, porém, vemos nesses mesmos ossos uma enorme transmutabilidade, plasticidade e maleabilidade em termos de tamanho, forma e finalidade de aplicação: e esta vemos ser determinada com força e liberdade primordiais pela *vontade*, de acordo com os fins que lhe são impostos pelas condições externas: ela faz deles aquilo que exige sua carência inextinguível. Caso queira trepar pelas árvores como macaco, agarra imediatamente com quatro mãos os ramos e estica com isso a ulna e o rádio até um comprimento desproporcional: prolonga simultaneamente o osso do cóccix até formar um rabo flexível do tamanho de um braço, para se pendurar com ele nos ramos e balançar de galho em galho. Por outro lado, esses mesmos ossos do braço são encurtados até se tornarem irreconhecíveis quando a vontade quer rastejar na lama como crocodilo ou nadar como foca ou cavar como toupeira, aumentando, nesse último caso, o metacarpo e as falanges para formar patas cavadeiras desproporcionalmente grandes, a custos de todos os demais ossos. Mas, caso queira cruzar os ares como morcego, não se alongam apenas o úmero, o rádio e a ulna de modo inaudito, mas também os normalmente tão pequenos e subordinados carpo, metacarpo e falanges digitais expandem-se, como na visão de santo Antônio, até um comprimento monstruoso que supera o tamanho do corpo do próprio animal, de modo a esticar entre eles os patágios.[28] Caso se tenha erguido, para poder roer as copas das altas árvores africanas, sobre pernas dianteiras incomparavelmente altas na forma de girafa, então as vértebras do pescoço, que são, sem exceção, sempre sete, e que foram comprimidas umas contra as outras na toupeira até se tornarem irreconhecíveis, são agora estendidas em tal medida que também aqui, como em qualquer outra parte, o comprimento do pescoço corresponda ao

---

28. Membranas que formam a asa. (N.T.)

das pernas dianteiras, para que a cabeça também possa alcançar a água potável. Se, porém, ao aparecer como elefante, lhe é impossível carregar com um pescoço longo o peso da cabeça desmedida, massiva, tornada ainda mais pesada com dentes de uma braçada de comprimento; então este permanece excepcionalmente curto, e como medida emergencial uma tromba desce até a terra, a qual puxa alimento e água para cima, além de ser também capaz de alcançar as copas das árvores. Em todas essas transformações vemos o crânio – receptáculo da inteligência – expandir-se, desenvolver-se, abaular--se correspondentemente, à medida que a maneira mais ou menos difícil de manter a vida exige mais ou menos inteligência; e para o olho treinado os distintos graus do entendimento aparecem com nitidez a partir dos abaulamentos da abóbada craniana.

Com isso, porém, aquele *elemento anatômico*, anteriormente mencionado como perene e imutável, permaneceu até aqui de fato um mistério, uma vez que não se submete à explicação teleológica, a qual se inicia somente após sua pressuposição; já que em muitos casos o órgão intendido também poderia ter se constituído com igual adequação em um número e uma ordenação distintos de ossos. Compreende-se bem, por exemplo, por que o crânio humano é constituído de oito ossos – para que estes possam ser comprimidos na moleira na hora do nascimento: mas por que o pinto, que rompe a casca de seu ovo, precisa ter o mesmo número de ossos cranianos não é compreensível.[L3] Nós precisamos, portanto, assumir que esse elemento anatômico se deve em parte à unidade e identidade da vontade para a vida em geral, e em parte ao fato de as formas primordiais dos animais terem surgido umas a partir das outras (*Parerga*, vol. 2, § 91), mantendo--se assim o tipo fundamental de cada filo. É esse elemento anatômico que Aristóteles compreende sob sua ἀναγκαία φύσις [condição necessária da natureza], e a mutabilidade de suas formas de acordo com os fins ele chama de τὴν κατὰ λόγον φύσιν [a condição natural correspondente a um fim] (veja-se Aristóteles, *Das partes animais* 3, cap. 2 [663b 22 ss.] *sub finem*: τῶς δὲ τῆς ἀναγκαίας φύσεως κ. τ. λ. [como, porém, as condições naturais necessárias etc.]), e explica a partir disso que nos bovídeos o material para os incisivos superiores é utilizado nos chifres: corretíssimo, pois somente os ruminantes sem chifres, os camelos e os mosquídeos [cervos-almiscarados], possuem os dentes incisivos superiores, enquanto que estes faltam a todos os cornados.

Tanto o ajustamento preciso da constituição às finalidades e relações vitais do animal aqui exposto na estrutura óssea como também a tão admirável adequação e harmonia de seu mecanismo interno não são nem de longe tornados tão compreensíveis por nenhuma explicação ou suposição que não verdade já estabelecida anteriormente, segundo a qual o corpo do animal nada mais é que *sua própria vontade* intuída como representação, e portanto no cérebro, sob as formas do espaço, do tempo e da causalidade – ou seja, mera visibilidade, objetividade da vontade. Pois sob essa pressuposição tudo nele deve conspirar à finalidade última, a vida desse animal. Nada pode ser encontrado no corpo que seja inútil, supérfluo, ausente, contrário a seus fins, carente ou imperfeito para ele; ao contrário, tudo que for necessário deverá estar lá, exatamente na medida em que for necessitado, e não mais. Pois aqui o mestre, a obra e o material são um e o mesmo. Por isso todo organismo é uma obra-prima exuberante e perfeita. Aqui a vontade não alimentou primeiramente a intenção, para depois reconhecer a finalidade, adequando-lhe os meios para então sobrepujar o material;

ao contrário, seu querer é imediatamente a finalidade e imediatamente também a sua realização: ela não precisou, portanto, de nenhum meio estranho a ser domado; aqui querer, agir e realizar foram um e o mesmo. É por isso que o organismo se apresenta como um prodígio, e não pode ser comparado a nenhuma obra humana concebida sob a lâmpada da cognição.[F23]

Nossa admiração da perfeição e da adequação infinitas nas obras da natureza deve-se, no fundo, ao fato de nós as observarmos com o parâmetro de nossas próprias obras. Nestas últimas, a vontade para a obra e a obra mesma são a princípio duas coisas distintas; além disso, encontram-se entre elas ainda outros dois elementos: primeiramente o meio da representação, estranho à vontade tomada em si mesma, o qual ela deve atravessar antes de se efetivar; e em segundo lugar o material, que também é estranho à vontade aqui ativa, sobre o qual deve ser imposta uma forma que lhe é estranha, à qual ele resiste, por já pertencer a uma outra vontade, a saber, sua condição natural, sua *forma substantialis* [forma substancial], a ideia (platônica) nele manifesta: ele precisa, portanto, ser primeiramente dominado, e, por mais profunda que tenha sido a penetração da forma artificial, ainda assim irá seguir resistindo internamente. O caso é totalmente outro nas obras da natureza, as quais não são, como aquelas, uma manifestação mediada, mas sim uma manifestação imediata da vontade. A vontade age aqui em sua originariedade, isto é, sem cognição; a vontade e a obra não se distinguem por nenhuma representação intermediária: elas são um. E até mesmo o material é um com elas, pois a matéria é a mera visibilidade da vontade. Por isso encontramos aqui a matéria totalmente permeada pela forma: pois ambas têm, de fato, uma origem idêntica, existindo mutuamente apenas uma para a outra, e sendo, nessa medida, um só. Que nós, como na obra de arte, também aqui as separemos é uma mera abstração. A matéria pura, absolutamente livre de forma e determinação, a qual imaginamos como o material do produto natural, é um mero *ens rationis* [ente da razão], e não pode ocorrer em nenhuma experiência. O material da obra de arte, por outro lado, é a matéria empírica, e portanto já dotada de forma. Identidade de forma e matéria é a característica do produto natural, a diversidade de ambas é a do produto artístico.[F24] É pelo fato de no produto natural a matéria ser a mera visibilidade da forma que vemos também empiricamente a forma surgir como mero fruto da matéria, eclodindo a partir de seu interior na cristalização, na *generatio aequivoca*[29] [geração espontânea] vegetal e animal, a qual, ao menos no caso do parasitas, é indubitável.[F25] – Por isso podemos também presumir que em parte alguma, em nenhum planeta ou satélite, a matéria chega ao estado de repouso *infinito*; ao contrário, as forças que nela habitam (isto é, a vontade, cuja mera visibilidade ela é) darão sempre renovadamente um fim ao repouso instaurado, sempre a despertarão novamente de seu sono, para recomeçar o seu jogo como forças mecânicas, físicas, químicas, orgânicas, uma vez que todas essas aguardam apenas uma ocasião para se manifestar.

Se queremos, porém, compreender o funcionamento da natureza, não devemos tentar fazê-lo por meio da comparação com nossas próprias obras. A verdadeira essência de cada forma animal é um ato da vontade

---

29. A *generatio aequivoca*, também conhecida como abiogênese, é a teoria de que seres orgânicos podem surgir espontaneamente a partir da matéria inorgânica. Tida como certa até a Idade Média, começou a ser questionada nos séculos XVIII e XIX. No entanto, ela figura até hoje como elemento central da hipótese da evolução química, que explica o surgimento dos primeiros seres vivos a partir de compostos inorgânicos ao final do éon hadeano (em torno de 4 bilhões de anos atrás). (N.T.)

externo à representação, e portanto também a suas formas, espaço e tempo, o qual, justamente por isso, não conhece sequência ou simultaneidade, possuindo, ao contrário, uma unidade absolutamente indivisível. Uma vez, porém, que nossa intuição cerebral apreende essa forma, chegando a penetrá-la com o bisturi, ilumina-se com a luz da cognição aquilo que originariamente e em si é estranho a esta e a suas leis, mas que deve, estando nela, se apresentar de acordo com suas formas e leis. A unidade originária e a indivisibilidade desse ato da vontade – esse ente verdadeiramente metafísico – aparecem agora dispersas em uma simultaneidade de partes e uma sequência de funções, as quais, ainda assim, se apresentam como precisamente conectadas pela referência estreita de umas às outras para ajuda e suporte mútuos, como meios e fins umas das outras. O entendimento que assim apreende admira-se com o caráter profundamente refletido da ordenação das partes e da combinação das funções, pois atribui involuntariamente à própria constituição dessa forma animal a maneira pela qual ele se torna consciente de sua unidade originária reconstituída a partir da multiplicidade (originada primariamente em sua forma de cognição). É esse o sentido da grande doutrina de Kant, segundo a qual a adequação a um fim é trazida primeiramente pelo entendimento para a natureza, o qual depois se admira com um milagre que é obra dele mesmo. [F26] Ocorre com ele (se é que posso esclarecer um assunto tão elevado com uma analogia tão trivial) o mesmo que quando ele se admira que as somas dos algarismos de todos os produtos da multiplicação por 9 dão novamente 9 ou um número cujos algarismos somados resultam em 9; embora ele mesmo já tenha preparado esse milagre ao adotar o sistema decimal. – O argumento físico-teológico faz com que a existência do mundo em um entendimento anteceda sua existência real e diz: se o mundo deve ser de acordo com fins, ele deveria estar dado como representação antes que fosse efetivamente. Eu, porém, digo, com Kant: se o mundo deve ser representação, então ele deve apresentar-se como de acordo com fins; e somente então ele penetra nosso intelecto.

De minha doutrina segue, aliás, que todo ente é sua própria obra. A natureza, que não pode jamais mentir e é ingênua como o gênio, diz justamente o mesmo ao fazer com que cada ente apenas acenda em outro – idêntico a si – a faísca vital, para que este então se construa a si próprio diante de nossos olhos, tomando o material para tal de fora, e forma e movimento de si próprio – o que chamamos de crescimento e desenvolvimento. Dessa maneira, podemos ver também empiricamente como cada ente é obra de si mesmo. Mas não compreendemos a linguagem da natureza, pois esta é demasiado simples.

Fisiologia vegetal

As confirmações acerca da aparição da vontade nos vegetais que aqui apresentarei partem principalmente de franceses; nação de orientação decididamente empirista, que sempre prefere não dar nem um passo além do que é dado imediatamente. Dentre esses, especialmente do pesquisador *Cuvier*, cuja persistência em se manter no meramente empírico deu vazão à famosa disputa entre ele e *Geoffroy Saint-Hilaire*. Não devemos nos admirar, portanto, se não encontrarmos aqui uma linguagem tão determinada quanto nos testemunhos alemães citados até o momento e virmos toda concessão ser feita com cautelosa reserva.

Cuvier diz, em sua *Histoire des progrès des sciences naturelles depuis 1789 jusqu'à ce jour* [História dos progressos das ciências naturais desde 1789 até os dias de hoje], vol. 1, 1826, p. 245:

> As plantas têm certos movimentos aparentemente espontâneos que elas revelam sob certas circunstâncias, por vezes tão semelhantes aos dos animais que nos sentimos tentados, devido a eles, a atribuir às plantas uma espécie de sensibilidade e de *vontade*, o que traria grandes vantagens àqueles que querem ver algo semelhante nos movimentos das partes *internas* dos animais. Assim, as copas das árvores tendem sempre em direção ao alto; a não ser quando se curvam em direção à luz. Suas raízes

buscam o solo rico e a umidade e saem de seu caminho retilíneo para encontrá-los. Esses diferentes direcionamentos, porém, não podem ser explicados a partir da influência de causas externas sem que se assuma também uma disposição interna, distinta da mera força inercial dos corpos inorgânicos, que seja capaz de ser excitada [...] *Decandolle* realizou experimentos peculiares que revelaram uma espécie de hábito nas plantas, o qual só é superado com algum tempo de iluminação artificial. Plantas fechadas em um porão constantemente iluminado não paravam, portanto, nos primeiros dias, de se fechar com o advento da noite e se abrir no raiar da manhã. E há ainda outros costumes que as plantas podem adotar e abandonar. As flores que se fecham com tempo chuvoso voltam, quando a chuva dura tempo demais, finalmente a se manter abertas. Quando o sr. *Desfontaines* levava consigo uma sensitiva[30] [*Mimosa*] na carruagem, esta contraiu-se a princípio, devido ao chacoalhar, mas finalmente voltou a se expandir, como se estivesse em repouso completo. Logo, também aqui a luz, a umidade etc. agem somente devido a uma disposição interna, que pode ela mesma ser suspensa ou modificada por tais atividades, e a força vital das plantas submete-se, como a dos animais, ao cansaço e ao esgotamento. A *Hedysarum gyrans* [*Codariocalyx motorius*] é um caso excepcionalmente único devido aos movimentos que realiza dia e noite com suas folhas sem necessitar de nenhuma ocasião externa para tal. Se algum fenômeno do reino vegetal é capaz de enganar e de lembrar os movimentos voluntários dos animais, será certamente esse. Broussonet, Silvestre, Cels e Hallé descreveram-na detalhadamente e mostraram que sua atividade depende somente do bom estado da planta.

No terceiro volume da mesma obra (1828), diz *Cuvier*, na p. 166:

---

30. Planta cujas folhas têm a capacidade de se recolher ao toque. (N.T.)

O sr. *Dutrochet* inclui observações fisiológicas, decorridas de experimentos por ele realizados, que, segundo ele, comprovam que os movimentos das plantas são *espontâneos*, isto é, dependentes de um princípio interno que acolhe imediatamente a influência de agentes externos. Por hesitar, porém, em atribuir sensibilidade às plantas, ele substitui essa palavra por nervimobilidade.

– Devo notar neste ponto que aquilo que pensamos por meio do conceito de *espontaneidade*, se examinado mais de perto, sempre leva ao de manifestação da vontade, do qual seria portanto um sinônimo. A única diferença é que o conceito de espontaneidade é cunhado a partir da intuição externa, enquanto o de manifestação da vontade o é a partir de nossa própria consciência. – Um exemplo digno de nota da violência do impulso dessa espontaneidade nas plantas nos é dado no *Cheltenham Examiner*, repetido pelo *Times* de 2 de julho de 1841:

> Na última quinta-feira, em uma de nossas vias mais movimentadas, três ou quatro grandes cogumelos realizaram um ato heroico totalmente inaudito ao terem efetivamente erguido, em sua ânsia ávida para irromper no mundo visível, um grande paralelepípedo.

Nos *Mémoires de l'académie des sciences* [Memórias da academia de ciências] de 1821, vol. 5, Paris 1826, diz *Cuvier*, na p. 171:

> Há séculos os botânicos buscam a razão pela qual uma semente em germinação, não importando a posição em que se a coloque, sempre envia sua raiz para baixo e seu caule para cima. Esse fenômeno foi atribuído à umidade, ao ar, à luz: mas nenhuma dessas causas o explica. O sr. *Dutrochet* colocou sementes em buracos cavados no fundo de um recipiente preenchido com terra úmida, pendurando-o então numa viga em um quarto. Pensaríamos que o caule

deveria ter crescido para baixo, mas de modo algum. As raízes descenderam pelos ares, e os caules prolongaram-se através da terra úmida, até que despontaram na superfície superior. Segundo o senhor Dutrochet, as plantas tomam sua direção graças a um princípio interno e de modo algum por meio da atração dos corpos aos quais tendem. Na ponta de uma agulha completamente móvel afixou--se uma semente de *Viscum* [visco] e se a fez germinar, colocando em sua proximidade uma pequena tábua: a semente logo apontou suas raízes em direção à tabuinha, e em cinco dias alcançou-a, sem que a agulha tivesse se movimentado minimamente. – Caules de cebola e alho-poró, quando colocamos seus bulbos em locais escuros, despontam, embora mais lentamente do que na luz: até mesmo quando postos na água despontam, o que comprova suficientemente que nem ar nem umidade lhe ditam a direção.

– Carl Heinrich Schultz, porém, em seu escrito premiado em 1839 pela *Académie des Sciences*, intitulado *Sur la circulation* [*et sur les vaissaux*] *dans les plantes* [Sobre a circulação e sobre os vasos nas plantas], diz que ele deixou sementes germinar em uma caixa escura, com furos na parte de baixo, e que, afetadas por um espelho colocado sob a caixa, que refletia a luz solar, as plantas vegetaram na direção contrária – copa para baixo, raízes para cima.

No *Dictionnaire des sciences naturelles* [Dicionário de ciências naturais], entrada "Animal", lê-se:

Enquanto os animais demonstram, em sua busca por alimento, um apetite, e, na escolha do mesmo, uma faculdade distintiva, vemos também as raízes das plantas se voltarem em direção à terra mais rica, chegando a buscar nas rochas as menores rachaduras de onde possam extrair algum alimento: suas folhas e seus ramos apontam diligentemente para o lado em que encontram mais ar e luz. Se dobramos um galho de tal modo que a superfície superior das folhas fique voltada para baixo; então até mesmo as folhas giram seus talos para retornar à posição mais apropriada ao exercício de suas funções (isto é, com o lado liso para cima). Sabe-se ao certo que isso se passa sem consciência?

Franz Julius Ferdinand Meyen, que dedicou ao objeto de nossa atual consideração um capítulo bastante elaborado do terceiro volume de seu *Neues System der Pflanzenphysiologie* [Novo sistema da fisiologia vegetal] (1839), intitulado *Von den Bewegungen und der Empfindung der Pflanzen* [Dos movimentos e da sensibilidade das plantas], diz ali, na p. 585:

> Não raro veem-se batatas em porões profundos e escuros que buscam, com a chegada do verão, criar caules, voltando-os sempre às aberturas pelas quais a luz recai no porão, estendendo-se até que tenham alcançado o local que é imediatamente iluminado. Observaram-se caules de batata de até vinte pés de comprimento, enquanto a planta, mesmo quando em condições extremamente favoráveis, gera caules de no máximo três a quatro pés de extensão. É interessante observar com maior precisão o caminho tomado pelos caules de uma batata que cresce no escuro para finalmente alcançar o ponto iluminado. O caule busca aproximar-se da luz pelo caminho mais curto, mas, uma vez que não é rígido o suficiente para crescer atravessando o ar sem apoio algum, ele cai ao solo e rasteja desse modo até a parede mais próxima, a qual então escala.

Na mesma obra (p. 576), esse botânico é levado pelos fatos a afirmar o seguinte: "Quando observamos os movimentos livres das oscilatórias[31] [cianobactérias] e de outras plantas

---

31. As cianobactérias, denominadas anteriormente "algas azuis", não pertencem, na verdade, ao reino *Plantae*, mas ao reino *Monera* (que inclui os seres vivos procariotas, como as bactérias). (N.T.)

simples, não nos resta alternativa senão reconhecer nessas criaturas uma espécie de *vontade*".

Uma evidência clara da manifestação da vontade nas plantas nos é dada nas trepadeiras, as quais, quando não têm por perto nenhum apoio para se agarrar, orientam, na busca por ele, seu crescimento sempre ao local mais sombreado, até mesmo em direção a um papel de cor escura, onde quer que seja colocado: por outro lado, fogem do vidro, por reluzir. Experimentos bastante respeitáveis acerca desse fenômeno, especialmente com a *Ampelopsis quinquefolia* [vinha virgem], foram realizados por Thomas Andrew Knight nos *Philosophical Transactions* de 1812, os quais se encontram traduzidos na *Bibliothèque Brittanique, section sciences et arts* [Biblioteca britânica, seção de ciências e artes], vol. 52 – embora ele esteja de sua parte inclinado a explicar a coisa mecanicamente, não querendo conceder que se trata de uma manifestação da vontade. Refiro-me a seus experimentos, não a seu juízo. Dever-se-ia plantar diversas trepadeiras em círculo em torno de uma vara e observar se elas não se arrastam todas centripetamente em direção a ela. – *Dutrochet* apresentou um artigo sobre esse objeto na *Académie des Sciences* em 6 de novembro de 1843, intitulado *Sur les mouvements révolutifs spontanés chez les végétaux* [Sobre os movimentos rotatórios espontâneos nos vegetais], cuja leitura, apesar de sua prolixidade, é altamente recomendável, e que se encontra impresso no *Compte rendu des séances de l'académie des sciences* [Resenhas das sessões da academia de ciências], edição de novembro de 1843. O resultado é que no *Pisum sativum* (ervilha verde), na *Bryonia alba* e no *Cucumis sativus* (pepino) os caules das folhas, que possuem o *cirrus* (*la vrille* [gavinha]), descrevem um movimento circular bastante lento no ar, completando, dependendo da temperatura, uma elipse em uma a três horas, na qual buscam aleatoriamente por corpos fixos em torno dos quais, quando os atingem, o *cirrus* se enrola, carregando agora a planta, que é incapaz de sustentar a si própria. – Elas fazem como as minhocas desprovidas de olhos, que descrevem círculos no ar com a parte anterior de seu corpo em busca de uma folha, apenas de modo muito mais lento. – O artigo de *Dutrochet* aqui mencionado trata também de outros movimentos vegetais, como, por exemplo, o do *Stylidium graminifolium* da Nova Holanda: ele possui uma coluna no meio da corola que carrega os estames e o estigma e que se dobra e se endireita alternadamente. Isso é relacionado ao que *Treviramus* ensina em seu livro *Die Erscheinungen und Gesetze des organischen Lebens* [As aparições e leis da vida orgânica], vol. 1, p. 173: "Desse modo, os estames da *Parnassia palustris* e da *Ruta graveolens* [arruda] inclinam-se uns em direção aos outros; na *Saxifraga tridactyles*, inclinam-se em pares em direção ao estigma e endireitam-se novamente na mesma ordem". – Acerca do mesmo objeto lê-se, na mesma obra, um pouco acima:

> Os movimentos vegetativos mais gerais que parecem ser voluntários são o estender-se dos ramos e da face superior das folhas em direção à luz e ao calor úmido e o movimento circular das trepadeiras em busca de um apoio. Especialmente neste último fenômeno manifesta--se algo semelhante aos movimentos animais. Pois a trepadeira descreve por conta própria, ao crescer, círculos com as pontas dos ramos e alcança, graças a essa forma de crescimento, um objeto que lhe esteja próximo. Mas não é uma mera causa mecânica que a faz adequar seu crescimento à forma do objeto que alcança. A *Cuscuta* não busca apoios de todo tipo, nem partes animais, nem corpos vegetais mortos, nem metais ou outras matérias inorgânicas, mas somente plantas vivas, e tampouco plantas de qualquer tipo, não musgos, por exemplo, mas

somente aquelas das quais pode extrair, por meio de suas papilas, o alimento que lhe é próprio, às quais ela já é atraída de uma certa distância.[F27]

– Especialmente ligada a esse assunto, porém, é a observação específica a seguir, comunicada no *Farmer's Magazine*, repetida no *Times* de 13 de julho de 1848 sob o título "*Vegetable instinct*" [Instinto vegetal]:

> Se um recipiente com água é posto a uma distância de até seis polegadas em uma direção aleatória em relação ao caule de uma jovem abóbora ou de uma ervilha, esse caule irá, no decorrer da noite, aproximar-se dele, e será encontrado pela manhã com uma de suas folhas boiando na água. Essa experiência pode ser repetida todas as noites, até que a planta comece a produzir frutos. – Se uma vara é posta a uma distância de até seis polegadas de um jovem *Convolvulus*, este a encontrará, mesmo que se cambie a sua posição diariamente. Se, quando ele estiver parcialmente enrolado na vara, o desenrolarmos dela e o voltarmos para a direção oposta a esta, ele irá retornar à sua posição original, ou perecerá tentando fazê-lo. Mas se duas dessas plantas crescem próximas uma à outra, sem que tenham uma vara em torno da qual possam se enrolar, então uma delas irá cambiar a direção de sua espiral e elas enrolar-se-ão uma na outra. – *Duhamel* colocou algumas vagens galegas em um cilindro preenchido com terra úmida: após um curto tempo elas começaram a germinar, impulsionando naturalmente a *plumula* em direção à luz e a *radicula* para baixo, para dentro do solo. Após poucos dias o cilindro foi girado o equivalente a um quarto de sua circunferência, e isso repetidamente, até que o cilindro tivesse realizado uma volta completa. Removeram-se, então, as vagens da terra; ao que se descobriu que ambas, *plumula* e *radicula*, tinham se dobrado com cada giro, para adequar-se a ele, uma esforçando-se por subir verticalmente, a outra, por descender, formando assim

uma espiral perfeita. Mas, por mais que o impulso natural das raízes as empurre para baixo, elas irão, ainda assim, quando o solo abaixo estiver seco e alguma substância úmida se encontrar mais ao alto, subir para alcançá-la.

Nas *Notizen* [*aus dem Gebiete der Natur- und Heilkunde*] [Notas do campo das ciências médicas e da natureza] de Froriep, de 1833, nº 832, encontra-se um breve artigo sobre a mobilidade das plantas: em solo ruim, estando próximas a um que seja melhor, algumas plantas afundam um ramo no solo bom; depois, a planta original definha; o ramo, porém, medra e torna-se agora ele mesmo a planta. Uma planta desceu de um muro por meio desse procedimento.

Na mesma revista, edição do ano de 1835, nº 981, encontra-se a tradução de um relato do prof. Daubeny para Oxford (retirado do *Edinburgh New Philosophical Journal* de abril/junho de 1835), o qual torna certo, por meio de experimentos novos e extremamente diligentes, que as raízes vegetais têm, pelo menos até um certo grau, a capacidade de realizar uma escolha entre os materiais terrosos oferecidos sob sua superfície.[F28]

Por fim, não quero deixar passar despercebido que já Platão atribui apetites, ἐπιθυμίας, isto é, vontade, às plantas (*Timeu*, p. 403, edição Bipontini). Eu já discuti, no entanto, as doutrinas dos antigos acerca desse objeto em minha obra magna, vol. 2, cap. 23, capítulo este que, no geral, deve ser utilizado como complemento ao presente.

A vacilação e a hesitação com que vemos proceder os escritores aqui mencionados ao concederem vontade às plantas, muito embora esta seja empiricamente constatada, decorrem de também eles estarem impregnados da antiga opinião segundo a qual a consciência seria uma exigência e uma condição para a vontade – algo que as plantas evidentemente não possuem. Não lhes veio à mente cogitar que a vontade seria primária e portanto independente da cognição, com a qual somente, enquanto secundária, surge a consciência. As plantas possuem apenas algo análogo à cognição, um sucedâneo seu; mas vontade elas possuem de modo efetivo e completamente imediato: pois esta, enquanto coisa em si, é o substrato de sua aparição, assim como de qualquer outra. Procedendo de modo realista, partindo, portanto, da objetividade, é também possível dizer que aquilo que vive e age no organismo animal, quando gradualmente se eleva nos patamares dos entes, chegando ao ponto de ser iluminado imediatamente pela luz da cognição, apresenta-se na consciência assim constituída como vontade, e é aqui conhecido do modo mais imediato e consequentemente melhor que em qualquer outra parte; conhecimento este que deve, portanto, fornecer a chave para a compreensão de tudo o que há de mais profundo. Pois nele a coisa em si não está mais velada por nenhuma outra forma além da simples percepção imediata. É essa percepção imediata do próprio querer o que se chamou de sentido interno. Em si a vontade é desprovida de percepção e permanece assim nos reinos inorgânico e vegetal. Da mesma maneira que o mundo permaneceria escuro apesar do sol se não houvesse corpos que reflitissem a sua luz, ou como a vibração de uma corda, que requer o ar e uma caixa de ressonância para se tornar um som; também a vontade torna-se consciente de si mesma apenas por meio da adição da cognição: a cognição pode ser vista como a caixa de ressonância da vontade, e o tom daí surgido é a consciência. Esse tornar-se consciente de si mesma da vontade, por ser nosso primeiro e mais imediato conhecer, foi atribuído ao assim chamado sentido interno. O objeto desse sentido interno só podem ser os distintos movimentos da própria vontade, pois o representar não pode ser ele mesmo percebido novamente; no limite, é apenas na reflexão racional, essa segunda potência da representação, quer dizer, *in abstracto*, que ele pode vir novamente à consciência. Daí segue também que o representar simples (intuir) está para o pensar efetivo, quer dizer, a cognição em conceitos abstratos, como o querer está para o inteirar-se desse querer, isto é, a consciência. Por isso, a consciência clara e nítida tanto da própria existência como da alheia só surge com a razão (a faculdade dos conceitos), a qual eleva os humanos tão alto acima do animal quanto a faculdade representativa meramente intuitiva eleva o animal acima da planta. Chamamos, portanto, aquilo que, como a planta, não possui representação alguma de não consciente, e pensamo-lo como pouco distinto do não existente, uma vez que possui de fato sua existência apenas na consciência alheia, como sua representação. No entanto, não lhe falta o primário da existência, a vontade, mas apenas o secundário; porém, a nós parece que, sem este, o primário, que é realmente o ser da coisa tomada em si mesma, passa ao nada. Não somos, de imediato, capazes de distinguir nitidamente uma existência não consciente do não ser; embora o sono profundo nos dê uma experiência pessoal a respeito.

Lembremo-nos, da seção anterior, que nos animais a faculdade da cognição surgiu, assim como todo outro órgão, apenas com o propósito de sua manutenção, e que, portanto, esta se encontra distribuída em incontáveis patamares, numa relação exata com as carências de cada espécie animal; então compreenderemos que a planta, por ter tão menos carências que o animal, finalmente não necessita de cognição alguma. É justamente por isso, como eu já disse repetidas vezes, que a cognição, devido ao movimento segundo motivos por ela condicionado, é o verdadeiro caráter da animalidade, que traça o seu limite essencial. Onde esta termina, desaparece a cognição propriamente dita, cuja essência nos é tão conhecida pela própria experiência, e a partir desse ponto só podemos compreender aquilo que medeia a influência do mundo exterior sobre os movimentos dos entes por meio de analogias. A vontade, por outro lado, a qual reconhecemos como a base e o cerne de todo ente, permanece sempre e em toda parte uma e a mesma. No patamar mais inferior, o reino vegetal, assim como na vida vegetativa do organismo animal, o *estímulo* substitui a cognição como meio de determinação das manifestações singulares dessa vontade onipresente e como intermediário entre o mundo exterior e as modificações de tal ente, e, por fim, no inorgânico, o efeito físico, o qual se apresenta, quando a investigação toma como aqui o caminho de cima para baixo, como um sucedâneo da cognição, e portanto como algo que lhe é meramente análogo. Não podemos dizer que as plantas de fato percebem a luz do sol: vemos somente que elas sentem distintamente sua presença e ausência, que se inclinam e se voltam em sua direção; e mesmo que a maior parte desse movimento coincida com o de seu crescimento, como a rotação da lua com sua translação, ele não está menos dado que este, e a direção desse crescimento é determinada pela luz, assim como uma ação é determinada e cautelosamente modificada por um motivo, da mesma maneira que as plantas gavinhadas, as trepadeiras, modificam sua localização e sua forma de acordo com o apoio encontrado. É, portanto, devido ao fato de a planta possuir carências em geral, embora não tais que exigissem o investimento em um sistema sensorial e em um intelecto, que algo análogo deve entrar em seu lugar para pôr a vontade em condições de obter ao menos a satisfação que lhe é oferecida, embora seja incapaz de buscá-la. Essa é a receptividade ao *estímulo*, cuja diferença em relação à cognição desejo expressar pelo fato de, no caso da cognição, o motivo que se apresenta como representação e o ato da vontade que dele se segue *perma-*

necerem nitidamente separados um do outro, e tanto mais nitidamente quanto mais perfeito é o intelecto – enquanto no caso da mera receptividade para estímulos, por outro lado, sentir o estímulo e o querer por ele provocado não são mais passíveis de distinção, fundindo-se ambos em um só. Finalmente, na natureza inorgânica, cessa também a receptividade para estímulos, cuja analogia com a cognição é inconfundível; permanecem, no entanto, reações distintas de cada corpo a influências distintas: estas apresentam-se, portanto, para a série descendente de nosso exame, também aqui como sucedâneos da cognição. Se o corpo reage diferentemente, então também a influência sobre ele deve ser distinta para que desperte nele uma afecção distinta, a qual, em toda sua apatia, ainda possui uma analogia distante para com a cognição. Se, portanto, por exemplo, a água contida encontra uma fresta, a qual utiliza avidamente, precipitando-se de maneira tumultuosa através dela, ela de fato não a reconhece, como tampouco o ácido percebe o alcalino em direção ao qual atravessa o metal, ou os flocos de papel o âmbar friccionado em direção ao qual saltam; ainda assim precisamos conceder que aquilo que desencadeia modificações tão súbitas em todos esses corpos ainda deve ter uma certa semelhança para com aquilo que ocorre em nós quando um motivo inesperado entra em jogo. Observações desse tipo serviram-me anteriormente para demonstrar a presença da *vontade* em todas as coisas: agora, porém, menciono-as para mostrar a que esfera pertence a *cognição*, quando observada, não como de costume de dentro para fora, mas de forma realista a partir de um ponto de vista externo a ela mesma como algo estranho, ou seja, quando se obtém o ponto de vista objetivo em relação a ela, o qual é de grande importância para a complementação do subjetivo.[32] Nós

---

32. Compare-se *O mundo como vontade e representação*, vol. 2, cap. 22: "Perspectiva objetiva do intelecto". (N.A.)

vemos que, a partir disso, ela se apresenta como o *meio dos motivos*, isto é, da causalidade sobre entes cognoscentes, portanto como aquilo que recebe a modificação de fora, à qual deve seguir uma modificação de dentro, aquilo que medeia ambas. Sobre essa linha estreita flutua o *mundo como representação*, quer dizer, a totalidade desse mundo corpóreo distribuído em espaço e tempo, o qual não pode, *enquanto tal*, estar dado em lugar algum a não ser em cérebros; assim como os sonhos, uma vez que estes estão igualmente dados durante o tempo de sua duração. O serviço prestado aos animais e homens pela cognição como meio dos motivos é prestado às plantas pela receptividade a estímulos, aos corpos inorgânicos pela receptividade a causas de todo tipo, e, tomado de modo preciso, tudo isso se distingue apenas em grau. Pois é unicamente por consequência de nos animais, devido a suas carências, a receptividade para impressões externas ter se elevado a ponto de exigir o desenvolvimento de um sistema nervoso e de um cérebro que surge, como uma função desse cérebro, a consciência e, nela, o mundo objetivo, cujas formas (tempo, espaço, causalidade) são a maneira pela qual essa função se executa. Encontramos, assim, que originalmente a cognição volta-se de modo exclusivo ao subjetivo, destinada somente ao serviço da vontade, sendo por consequência de natureza completamente secundária e subordinada, surgindo apenas *per accidens* [concidentemente] como condição da influência, tornada necessária, de meros motivos no lugar de estímulos. A imagem do mundo em espaço e tempo que então surge é apenas o plano sobre o qual os motivos se apresentam como fins: ela também condiciona a coerência espacial e causal dos objetos intuídos entre si, mas é, ainda assim, somente o intermediário entre o motivo e o ato da vontade. Que salto seria, então, tomar essa imagem do mundo, que dessa maneira se constitui acidentalmente no intelecto, isto é, na função cerebral de entes animais, ao apresentar-lhes os meios para seus fins, iluminando a esses seres efêmeros o seu caminho sobre o planeta – tomar essa imagem, digo eu, esse mero fenômeno cerebral, como a verdadeira e última essência das coisas (coisas em si) e o encadeamento de suas partes como a ordem cósmica absoluta (relações entre as coisas em si), e supor que tudo isso também estaria dado independentemente do cérebro! Essa suposição deve parecer-nos aqui como altamente precipitada e imprudente; e, no entanto, ela é o fundamento e o solo sobre os quais todos os sistemas do dogmatismo pré-kantiano foram construídos: pois ela é a pressuposição velada de toda sua ontologia, cosmologia e teologia, assim como de todas as *aeternarum veritatum* [verdades eternas] às quais se referem nesse processo. Esse salto, porém, era feito sempre silenciosa e inconscientemente: é o serviço imortal de Kant tê-lo trazido à nossa consciência.

Obtemos, portanto, aqui, inesperadamente, por meio do presente proceder realista, o *ponto de vista objetivo* para as grandes descobertas de *Kant*, e chegamos, trilhando o caminho da investigação empírico-fisiológica, ao mesmo ponto de onde parte a sua investigação crítico-transcendental. Pois esta toma como seu ponto de partida o *subjetivo* e considera a consciência como algo dado: mas, a partir dela mesma e de suas leis a priori, ela obtém o resultado de que aquilo que ali ocorre não pode ser nada além de mera aparência. Nós, por outro lado, a partir de nosso ponto de vista realista externo, que toma o *objetivo* – os entes da natureza – como algo simplesmente dado, vemos o que o intelecto é segundo sua finalidade e origem e a que classe de fenômenos ele pertence: a partir disso reconhecemos que ele (em seu aspecto a priori) deve ser limitado a meras aparições e que aquilo que se apresenta nele só pode ser algo sempre condicionado principalmente de modo *subjetivo*, ou seja, um *mundus phaenomenon* [mundo fenomênico], concomitantemente com a ordem do nexo de suas partes, também condicionada subjetivamente, mas jamais um conhecimento das coisas segundo aquilo que venham a ser em si ou segundo a maneira pela qual se associem em si. Pois encontramos, no conjunto da natureza, a cognição como algo condicionado, cujos testemunhos, justamente por isso, não podem ter uma validade incondicional. Após o estudo da *Crítica da razão pura*, essencialmente estranha ao nosso ponto de vista, deve parecer àquele que a compreendeu que a natureza determinou intencionalmente o intelecto como um espelho distorcido, que brinca conosco de esconder. Nós, porém, chegamos, trilhando nosso caminho realista-objetivo, quer dizer, partindo do mundo objetivo como dado, ao mesmo resultado obtido por *Kant* no caminho idealista-subjetivo, ou seja, investigando o próprio intelecto e o modo como este constitui a consciência: e daí resultou para nós que o mundo como representação flutua sobre a linha estreita entre a causa externa (motivo) e o efeito provocado (ato da vontade) em entes cognoscentes (animais), uma vez que a distinção nítida entre ambos começa efetivamente apenas aqui. "*Ita res accendent lumina rebus.*" [Assim uma coisa ilumina a outra; Lucrécio, *De rerum natura*, I, 1109.] É somente por meio desse alcançar por dois caminhos completamente opostos que o grande resultado obtido por Kant atinge sua nitidez completa, e todo o seu sentido fica claro ao aparecer iluminado de ambos os lados. Nossa perspectiva objetiva é realista, e portanto condicionada, na medida em que, tomando os entes naturais como dados, desconsidera que sua existência objetiva pressupõe um intelecto, no qual se encontram a princípio como sua representação; mas a perspectiva subjetiva e idealista de *Kant* é igualmente condicionada, na medida em que parte da inteligência, a qual tem ela mesma a natureza como pressuposto, de cujo desenvolvimento até entes animais ela depende. – Atendo-se a essa nossa perspectiva realista-objetiva, pode-se designar a doutrina de *Kant* também do seguinte modo: após *Locke*, na intenção de conhecer as coisas em si, sob o nome de propriedades secundárias, ter retirado das coisas como elas aparecem a porção que cabe às funções sensíveis, *Kant*, tomado de uma profundidade infinita, subtraiu delas a porção altamente considerável da função cerebral, a qual compreende justamente as propriedades primárias de *Locke*. Eu, porém, apontei aqui apenas por que tudo isso deve ocorrer dessa forma, ao indicar a posição que o intelecto ocupa no conjunto da natureza quando partimos realisticamente do objetivo como dado, tomando para tal a vontade, única conhecida de maneira completamente imediata, esse verdadeiro ποῦ στῶ [perspectiva] da metafísica, como ponto de apoio, como o primordialmente real, do qual todo o resto é mera aparição. Para complementá-lo servirá também o que segue.

Mencionei anteriormente que, onde ocorre cognição, o motivo que entra em cena como representação e o ato da vontade que a ele segue *permanecem segregados um do outro de modo tanto mais nítido* quanto mais perfeito for o intelecto, ou seja, quanto mais nos tenhamos elevado na sequência dos entes. Isso requer uma explicação mais detalhada. Onde ainda é o mero estímulo que excita a atividade da vontade, sem que se chegue à representação, ou seja, entre as plantas, a apreensão da impressão ainda não está separada do estar determinado por ela. Nas inteligências animais mais inferiores, entre os radiários [anelídeos], cnidários, moluscos e outros semelhantes, a coisa é pouco diferente: uma sensação de fome, uma atenção por ela excitada, uma percepção da presa e um movimento para apanhá-la constituem aqui ainda todo o conteúdo da consciência, sendo, no entanto, a primeira aurora do mundo como representação, cujo pano de fundo, quer dizer, tudo além do motivo que age a cada momento, permanece aqui ainda em completa escuridão. Também os órgãos dos sentidos são aqui, em concordância com isso, altamente imperfeitos e incompletos, uma vez que precisam fornecer a um entendimento embrionário apenas um número muito reduzido de dados da intuição. Em toda parte, porém, em que há sensibilidade, esta já é acompanhada de um entendimento, quer dizer, a faculdade de remeter o efeito sentido a uma causa externa: sem este, a sensibilidade seria supérflua e uma mera fonte de dores sem finalidade. Mais acima na sequência dos animais instauram-se cada vez mais sentidos cada vez mais perfeitos, até que todos os cinco estejam presentes; o que ocorre em alguns poucos animais invertebrados, mas completamente somente nos vertebrados. Da mesma forma desenvolvem-se o cérebro e sua função, o entendimento: o objeto apresenta-se agora de modo mais nítido e completo, até mesmo em nexo com outros objetos, pois também as relações entre objetos devem agora ser apreendidas a serviço da vontade: com isso o mundo da representação obtém um certo contorno e pano de fundo. Mas ainda assim a apreensão só vai tão longe quanto exigido pelo serviço à vontade: a percepção e o ser solicitado por ela não são mantidos separados em sua pureza: o objeto só é apreendido na medida em que é motivo. Até os animais mais espertos veem no objeto apenas o que lhes toca, isto é, aquilo que diz respeito ao seu querer, ou também ainda o que pode vir a lhes dizer respeito no futuro; como, por exemplo, os gatos se esforçam, nesse sentido, por obter um conhecimento preciso de cada local, e a raposa por farejar esconderijos para presas futuras. Mas, além disso, não são receptivos a mais nada: talvez nenhum animal jamais tenha mirado o céu estrelado; meu cão sobressaltou-se com grande susto ao ver por acaso o sol pela primeira vez. Entre os animais mais espertos e ainda formados por meio de domesticação surge ocasionalmente o primeiro indício apagado de uma apreensão imparcial de seus arredores. Cães chegam até mesmo a ficar embasbacados; vemo-los sentar à janela e acompanhar atentamente com o olhar tudo que se passa ali; símios olham às vezes à sua volta, como se pretendessem se familiarizar com o ambiente. Somente no ser humano é que motivo e ação, representação e vontade se separam com total nitidez. Isso, porém, não suspende imediatamente a submissão do intelecto à vontade. O ser humano comum apreende com nitidez nas coisas apenas aquilo que tiver, direta ou indiretamente, alguma relação com ele mesmo (interesse); para todo o resto, seu intelecto torna-se insuperavelmente letárgico: permanece, assim, em segundo plano, não penetra a consciência com uma nitidez completa e vibrante. A admiração filosófica e o arrebatamento artístico com a aparência, no que quer que venha a fazer, permanecem-lhe eternamente estranhos: tudo lhe parece fundamentalmente autoevidente. Completo desligamento e segregação do intelecto em relação à vontade e seu serviço é a prerrogativa do gênio, como demonstrei de forma minuciosa na parte estética de minha obra. Genialidade é objetividade. A pura objetividade e nitidez com a qual as coisas se apresentam na intuição (essa cognição fundamental e mais rica em conteúdo) encontra-se de fato a cada instante numa relação inversa com a participação que a vontade tem nessas mesmas coisas, e uma cognição sem vontade é a condição, a essência mesma de toda apreensão estética. Por que um pintor medíocre representa tão mal a paisagem, apesar de todo esforço? Porque não a vê mais bela. E por que não a vê mais bela? Porque seu intelecto não está suficientemente segregado de sua vontade. O grau dessa segregação impõe grandes diferenças intelectuais entre os homens: pois a cognição é tanto mais pura, e consequentemente mais objetiva e correta, quanto mais se libertar da vontade; assim como o melhor fruto é aquele que não possui nenhum ressaibo do solo em que cresceu.

Essa relação, tão importante quanto interessante, merece que nós, olhando para trás e percorrendo a totalidade da escala dos entes, a elevemos a uma maior nitidez, ao tornarmos presente para nós a passagem gradual do incondicionalmente subjetivo aos graus mais elevados de objetividade do intelecto. Pois a natureza inorgânica é incondicionalmente subjetiva, uma vez que nela ainda não está presente absolutamente nenhum indício de uma consciência do mundo exterior. Rochas, cepos, blocos de gelo, mesmo quando caem uns sobre os outros ou se chocam e se friccionam entre si, não possuem nenhuma consciência de um mundo exterior. No entanto também eles já experimentam uma influência de fora, a qual se modifica de acordo com seu posicionamento e sua movimentação, e que pode portanto ser considerada como o primeiro passo em direção à consciência. Embora as plantas tampouco tenham consciência alguma do mundo exterior, devendo-se pensar aquilo dado nelas, mera analogia de uma consciência, como um opaco desfrutar de si, ainda assim vemos todas elas buscarem a luz, muitas delas voltarem diariamente suas flores ou folhas para o sol, e também as trepadeiras se arrastarem até um apoio que não as toca, e, finalmente, em algumas espécies até mesmo manifestações de um tipo de irritabilidade: é indiscutível, portanto, que já se dá aqui uma ligação e uma relação entre o ambiente que não as toca imediatamente e seus movimentos, algo que devemos, consequentemente, abordar como um análogo mais fraco da percepção. Apenas com a animalidade entra definitivamente em jogo a percepção, isto é, uma consciência de outras coisas como oposta à primeira nítida autoconsciência que surge daí. É precisamente nisso que consiste o caráter da animalidade em oposição à natureza vegetal. Nas classes animais mais inferiores essa consciência do mundo externo é muito limitada e opaca: ela se torna mais nítida e extensa com o aumento gradativo da inteligência, o qual, por sua vez, é orientado pelos graus de carências do animal, e assim prossegue ascendendo por toda a longa escala da ordem dos animais até o ser humano, no qual a consciência do mundo exterior encontra seu ápice, fazendo com que o mundo se apresente de modo mais nítido e completo do que em qualquer outra parte. Mas mesmo aqui a clareza da consciência ainda possui incontáveis graus, a saber, do imbecil mais embotado até o gênio. Mesmo nas cabeças normais a percepção objetiva das coisas externas ainda possui um traço subjetivo considerável: a cognição carrega ainda via de regra o caráter de existir somente a serviço do querer. Quanto mais eminente a cabeça, tanto mais isso é perdido, separando-se mais e mais o objeto do sujeito, fazendo com que o mundo exterior se apresente de maneira cada vez mais pura, até atingir no gênio a objetividade completa, graças à qual as ideias platônicas emergem das coisas singulares, enquanto aquele que as apreende se eleva ao puro sujeito do conhecimento. Dado que a intuição é a base de todo conhecimento, uma tal diferença fundamental em termos de qualidade da mesma terá uma influência sensível sobre todo o pensar e discernir; donde provém a profunda diferença de todo o modo de apreender entre as cabeças vulgares e eminentes, a qual pode ser percebida em qualquer ocasião, assim como também a diferença entre a seriedade opaca, que se aproxima à dos animais, das cabeças cotidianas que conhecem apenas a serviço da vontade, oposta ao jogo constante com o conhecimento superabundante que entretém a consciência das que lhes são superiores. – A expressão hiperbólica *Klotz*[33] (aplicada a pessoas) no alemão, em inglês *blockhead*, parece ter surgido da contemplação dos dois extremos da grande escala aqui exposta.

É, porém, uma consequência ulterior da segregação nítida do intelecto em relação à vontade, e logo do motivo em relação à ação, ocorrida no ser humano, a aparência ilusória de uma liberdade nas ações singulares. Quando no inorgânico as causas e no vegetal os estímulos ocasionam o efeito, não há, devido à simplicidade da conexão causal, nem a mínima aparência de liberdade. Mas já na vida animal, onde aquilo que até então era causa ou estímulo aparece como motivo, e onde, consequentemente, encontra-se agora um segundo mundo, o da representação, e a causa se encontra em um domínio distinto do efeito, a conexão causal entre ambos, e com ela a necessidade, já não são mais tão evidentes quanto eram até então. Entretanto, essa conexão ainda é inconfundível no animal, cujo representar meramente intuitivo encontra-se a meio caminho entre as funções orgânicas que ocorrem segundo estímulo e a ação refletida do ser humano: a ação do animal é, na presença do motivo intuitivo e sem a ação de um contramotivo igualmente intuitivo ou de adestramento, inevitável; e ainda assim sua representação já é separada do ato da vontade e entra por si só na consciência. O ser humano, porém, no qual a representação se elevou até o conceito, possui agora todo um mundo invisível de pensamentos que ele carrega na cabeça, fornecendo motivos

---

33. Literalmente "toco", "talho", significando "estúpido", "idiota". (N.T.)

e contramotivos para seu agir e tornando-o independente do presente e do ambiente intuitivo; aqui aquela conexão não é absolutamente cognoscível para a observação externa, e mesmo para a interna somente por meio de uma reflexão abstrata e madura. Pois para a observação externa essa motivação por meio de conceitos imprime em todos os seus movimentos o selo da premeditação, devido ao qual estes obtêm uma aparência de independência que os distingue visivelmente dos movimentos animais, mas que no fundo apenas testemunha que o homem é afetado por uma classe de representações em que o animal não toma parte; e na autoconsciência, por sua vez, o ato da vontade é reconhecido do modo mais imediato, o motivo, porém, na maioria das vezes de modo altamente mediado e até mesmo velado intencionalmente como proteção contra o autoconhecimento. Esse estado de coisas, portanto, em conjunto com a consciência daquela liberdade autêntica própria à vontade enquanto coisa em si fora da aparição, gera a aparência ilusória de que até mesmo o ato singular da vontade não dependeria de nada e de que seria livre, isto é, infundamentado; enquanto na verdade, estando dado o caráter e reconhecido o motivo, este ocorre com a mesma rígida necessidade das mudanças cujas leis são ensinadas pela mecânica, deixando-se, fossem apenas conhecidos com precisão o caráter e o motivo, para utilizar a expressão de Kant, calcular com a mesma segurança de um eclipse lunar, ou, para somar-lhe uma autoridade deveras heterogênea, como nos diz Dante, que é mais velho que Buridan:

> *Intra duo cibi distanti e moventi*
> *D'un modo, prima si morrìa di fame.*
> *Che liber' uomo l'un recasse a'denti.*[34]
> [*Divina comédia*,] "O paraíso" 4, 1

---

34. Posto entre duas refeições igualmente distantes, o homem morreria de fome antes que, por livre vontade, levasse uma delas à boca. (N.T.)

Astronomia física

Não há porção de minha doutrina para a qual esperaria menos por uma confirmação de parte das ciências empíricas do que aquela que aplica a verdade fundamental de que a coisa em si de Kant é a vontade também à natureza inorgânica, apresentando aquilo que atua em todas as suas forças fundamentais como absolutamente idêntico àquilo que conhecemos em nós como vontade. – Para mim foi tanto mais estimulante, portanto, ver que também um empírico excelente, subjugado pelo poder da verdade, chegou a proferir, no contexto de sua ciência, essa proposição paradoxal. Trata-se de *Sir John Herschel*, em seu *Treatise on astronomy* [Tratado de astronomia], lançado em 1833, tendo obtido em 1849 uma segunda edição expandida sob o título *Outlines of astronomy* [Contornos da astronomia]. Ele, portanto, que enquanto astrônomo conhece a gravidade não apenas a partir do papel unilateral e efetivamente grosseiro que esta interpreta na Terra – mas daquele papel nobre que lhe cabe no espaço sideral, onde os corpos celestes brincam uns com os outros, revelando afinidades, cortejando-se, mas sem jamais serem levados ao contato grosseiro, pelo contrário, mantendo a distância devida, seguem dançando seu minueto com decoro, ao som da harmonia das esferas – *Sir John Herschel* relata, portanto, no sétimo capítulo, onde ele trata do estabelecimento da lei gravitacional, § 371 da primeira edição:

Todos os corpos que nos são conhecidos, quando elevados no ar e então largados suavemente, descendem à superfície terrestre em uma linha perpendicular a esta. Eles são consequentemente levados a isso por meio de uma força ou um esforço, resultado imediato ou mediado de uma consciência e uma *vontade* em alguma parte existentes, embora não sejamos capazes de detectá-lo: a essa força denominamos *gravidade*.
(*All bodies with which we are acquainted, when raised into the air and quietly abandoned, descend to the earth's surface in lines perpendicular to it. They are therefore urged thereto by a force or effort, the direct or indirect result of a consciousness and a will existing somewhere, though beyond our power to trace, which force we term gravity.*)[F29]

O resenhista de *Herschel* na *Edinburgh Review* de outubro de 1833, como inglês interessado acima de tudo em que o relato mosaico não seja ameaçado, uma vez que este lhe é mais caro do que qualquer raciocínio e qualquer verdade no mundo, opõe-se vivamente a essa passagem, notando com razão que ali evidentemente não se trata da vontade do Deus onipotente, que trouxe à existência a matéria juntamente com todas as suas propriedades, não querendo assim deixar a proposição valer de modo algum e negando sua consequência a partir do parágrafo anterior, com o qual *Herschel* pretendia fundamentá-la. Eu sou da opinião, aliás, de que ela realmente seguiria dele (pois a origem de um conceito determina seu conteúdo), caso a própria premissa não fosse falsa. Pois esta consiste na alegação de que a origem do conceito de causalidade é a experiência, a saber, aquela que fazemos ao atuar por meio de um dispêndio de forças que nos é próprio sobre os corpos do mundo exterior. Somente em lugares como a Inglaterra, onde o dia da filosofia kantiana ainda não raiou, pode-se pensar em uma origem empírica para o conceito de causalidade (desconsiderando-se os professores de filosofia que jogam as doutrinas de Kant ao vento e não me tomam por digno de consideração); menos ainda se pode fazê-lo, porém, se se conhecer minha prova, totalmente distinta da kantiana, da aprioridade desse conceito, a qual repousa sobre o fato de o reconhecimento da causalidade ser uma condição necessariamente anterior à intuição do mundo externo, uma vez que esta só ocorre por meio da *passagem*, realizada pelo entendimento, da sensação no órgão do sentido até sua *causa*, a qual, desse modo, se apresenta, no espaço igualmente intuído a priori, como *objeto*. Dado que a intuição dos objetos deve anteceder nossa ação consciente sobre eles, a experiência dessa ação não pode ser ela mesma a fonte do conceito de causalidade: pois, antes de eu agir sobre as coisas, estas devem ter agido sobre mim, como motivos. Discuti exaustivamente tudo o que pertence a esse assunto no segundo volume de minha obra magna, cap. 4, p. 38-42, e na segunda edição de minha dissertação Sobre [*a quádrupla raiz d*]*o princípio de razão* [*suficiente*], § 21, em cuja p. 74 também a suposição adotada por *Herschel* encontra sua refutação específica, de modo que eu não preciso incorrer novamente nesse assunto no presente momento. Essa suposição deixar-se-ia refutar até mesmo empiricamente, uma vez que dela seguiria que um ser humano nascido sem braços nem pernas não teria nenhuma noção da causalidade, não podendo, portanto, obter nenhuma intuição do mundo externo: isso, porém, foi refutado factualmente pela natureza por meio de um caso infeliz como esse, cuja fonte já citei no capítulo acima mencionado de minha obra magna, p. 40. – Na sentença de Herschel aqui discutida deu-se, portanto, novamente o caso de uma conclusão verdadeira ser seguida de premissas falsas: isso ocorre sempre que nos damos conta de uma verdade imediatamente por meio de uma noção correta, malogrando, porém, o desvendamento e esclarecimento dos fundamentos de seu conhecimento, por sermos incapazes de trazê-los a uma consciência nítida. Pois em toda compreensão originária o convencimento é anterior à prova: esta é concebida apenas posteriormente.

A matéria fluida torna, por meio da completa mobilidade de todas as suas partes, a manifestação imediata da gravidade em cada uma delas mais evidente do que a sólida o pode. Por isso, para inteirar-se dessa noção, que é a verdadeira fonte da sentença *herscheliana*, observe-se a queda violenta de uma corredeira por sobre massas rochosas e faça-se a pergunta de se uma ânsia tão decidida como essa, uma tal agitação, poderia ocorrer sem esforço, e se um esforço se deixa pensar desacompanhado de vontade. E, da mesma forma, sempre que nos inteiramos de algo movimentado primordialmente, de uma força primeira imediata, vemo-nos forçados a pensar sua essência íntima como vontade. – Está claro que, como todos os empíricos de áreas tão distintas citados por mim antes, também *Herschel* foi levado em suas investigações à fronteira paralisante em que o físico tem somente o metafísico além de si, e que também ele, como todos os outros, pôde ver somente *vontade* para além dessa fronteira.

Aliás, nesse ponto, também *Herschel* está, como a maioria dos empíricos, ainda preso à opinião de que a vontade seria inseparável da consciência. Uma vez que já tratei suficientemente desse engano e de sua correção por meio de minha doutrina mais atrás, não há necessidade de incorrer novamente nesse assunto.

Desde o início deste século desejou-se atribuir, até mesmo com certa frequência, uma *vida* ao inorgânico: de modo altamente errôneo. Vivo e orgânico são sinônimos;

com a morte, o orgânico deixa também de ser orgânico. Pois não se traça, em toda a natureza, nenhuma fronteira tão nítida como aquela entre orgânico e inorgânico, quer dizer, entre aquilo em que a forma é o essencial e permanente, e a matéria o acidental e cambiável – e aquilo em que a relação é oposta. A fronteira não oscila aqui como talvez a entre animal e vegetal, sólido e líquido, gás e vapor: ou seja, querer suspendê-la significa trazer propositadamente confusão aos nossos conceitos. Que se deva, por outro lado, atribuir uma *vontade* ao inanimado, ao inorgânico, fui eu o primeiro a dizer. Pois para mim a vontade não é, como se afirmou até hoje, um acidente da cognição, e portanto da vida; mas, ao contrário, a própria vida é aparição da vontade. A cognição, por sua vez, é efetivamente um acidente da vida, e esta, um acidente da matéria. Mas a própria matéria é somente a perceptibilidade das aparições da vontade. Por isso é preciso reconhecer, em toda ânsia que parte da natureza de um ente material, constituindo efetivamente essa natureza ou manifestando-se e aparecendo por meio dela, um *querer*, e não há, portanto, nenhuma matéria sem manifestação da vontade. A manifestação mais baixa e por isso mesmo mais geral da vontade é a gravidade: por isso foi considerada uma força fundamental essencial à matéria.

A perspectiva comum sobre a natureza assume que haja *dois* princípios para o movimento, fundamentalmente distintos, e que, portanto, o movimento de um corpo pode ter uma *origem dupla*, a saber, partindo ou de dentro, onde se o atribui à *vontade*, ou de fora, onde ocorre por meio de *causas*. Essa perspectiva fundamental é, na maioria das vezes, pressuposta como autoevidente e apenas ocasionalmente explicitada de maneira expressa: quero, no entanto, em nome da completa certeza, apontar algumas passagens mais antigas e mais recentes em que isso ocorre.

Já *Platão* estabelece, no *Fedro* ([245 e], p. 319 edição Bipontini), a oposição entre aquilo que se movimenta a si próprio de dentro (alma) e aquilo que recebe movimento apenas de fora (corpo) – τὸ ὑφ' ἑαυτοῦ κινούμενον καὶ τό, ᾧ ἔξωθεν τὸ κινεῖσθαι [aquilo que se movimenta a partir de dentro e aquilo que apreende o movimento de fora]. Também no décimo livro das *Leis* (p. 85) reencontramos a mesma antítese. Após ele, *Cícero* repetiu-a nos dois últimos capítulos de *O sonho de Cipião*. – *Aristóteles* estabelece, igualmente, na *Física*, 7, 2 [243 a 11], esse princípio fundamental: Ἅπαν τὸ φερόμενον ἢ ὑφ' ἑαυτοῦ κινεῖται ἢ ὑπ' ἄλλου. (*Quidquid fertur, a se movetur aut ab alio.*) [Tudo o que muda de lugar é movimentado ou por si próprio, ou por um outro.] No livro seguinte, caps. 4 e 5, ele retorna à mesma oposição, ligando a ela investigações abrangentes, nas quais, justamente por consequência da falsidade da oposição, incorre em grandes dificuldades. Também Maclaurin, no seu *Account of Newtons discoveries* [Relato das descobertas de Newton], p. 102, apresenta essa perspectiva fundamental como seu ponto de partida. – E ainda nos últimos tempos Jean-Jacques *Rousseau* aborda de modo bastante ingênuo a mesma oposição no famoso "*Profession de foi du vicaire Savoyard*" [Profissão de fé do vigário saboiano] (ou seja, *Émile* 4, p. 27 edição Bipontini): "*J'apperçois dans les corps deux sortes de mouvement, savoir: mouvement communiqué, et mouvement spontané ou volontaire: dans le premier la cause motrice est étrangère au corps mû; et dans le second elle est en lui-même*". [Eu percebo nos corpos dois tipos de movimento, a saber: um movimento comunicado e um movimento espontâneo ou voluntário; no primeiro caso a causa motriz é estranha ao corpo movido, no segundo ela encontra-se nele mesmo.] – Mas até em nossos dias, com seu estilo grandiloquente, inflado, faz-se ouvir também *Burdach*:

> O fundamento determinante de um movimento encontra-se ou no interior, ou no exterior daquilo que se move. A matéria é uma existência externa, possui forças de movimento, mas as põe em ação apenas na presença de certas relações espaciais e oposições externas: somente a alma é algo interno constantemente ativo, e apenas o corpo dotado de alma encontra em si ocasião para movimentos, movimentando-se por conta própria.

Eu, porém, devo falar aqui como Abelardo certa vez falou: "*Si omnes patres sic, at ego non sic*" [se também todos os padres falam assim, eu, porém, não falo assim]; pois, em oposição a esse ponto de vista fundamental, por mais antigo e universal que seja, a minha doutrina leva à afirmação de que *não* há duas origens fundamentalmente distintas para o movimento, que ele *não* parte ou de dentro, onde é atribuído à vontade, ou de fora, onde surge a partir de causas, mas que ambas são inseparáveis, ocorrendo simultaneamente em todo movimento de um corpo. Pois o movimento independente originado na *vontade* pressupõe também sempre uma *causa*: entre os entes dotados de cognição, ela é um motivo; sem ela, porém, também nestes o movimento é impossível. E, por outro lado, o movimento independente de um corpo efetuado por uma *causa* externa é, apesar disso, igualmente em si manifestação de sua *vontade*, a qual é apenas provocada pela causa. Há, portanto, somente um único princípio uniforme, absoluto e sem exceção de todo movimento: sua condição interna é *vontade*, sua ocasião externa, *causa*, a qual pode, de acordo com as determinações do movimentado, aparecer também sob a forma de estímulo ou motivo.

Tudo aquilo que é conhecido nas coisas apenas empiricamente, apenas a posteriori, é em si *vontade*: em contrapartida, na medida em que as coisas são determináveis a priori, pertencem somente à *representação*, à mera aparição. Por isso a compreensibilidade das aparições da natureza é reduzida na medida em que a vontade nelas se manifesta cada vez mais nitidamente, quer dizer, na medida em que se encontram mais e mais alto na escala dos entes: essa compreensibilidade, por outro lado, é tanto maior quanto menor for seu conteúdo empírico; pois permanecem tanto mais no âmbito da mera *representação*, cujas formas conhecidas por nós a priori constituem o princípio da compreensibilidade. Teremos, portanto, uma absoluta, completa compreensibilidade somente enquanto nos mantivermos totalmente nesse âmbito, tendo assim meras representações sem conteúdo empírico, mera forma, diante de nós; ou seja, nas ciências a priori, na aritmética, geometria, foronomia e na lógica: aqui tudo é apreensível no mais alto grau, as noções são totalmente claras e suficientes e não deixam nada a desejar; uma vez que nos é até mesmo impossível pensar que algo pudesse se comportar de maneira diferente: o que se deve ao fato de tratarmos aqui exclusivamente das formas de nosso próprio intelecto. Portanto, quanto mais compreensível for uma relação, tanto mais esta ocorre na mera aparência, sem dizer respeito à essência em si mesma. A matemática aplicada, ou seja, a mecânica, a hidráulica etc., trata dos patamares mais inferiores da objetivação da vontade, onde a maior parte ainda se encontra no campo da mera representação, possuindo, porém, já um elemento empírico, no qual se turvam a apreensibilidade e a transparência completas e com o qual o inexplicável entra em jogo. Pela mesma razão, somente algumas partes da física e da química permitem ainda um tratamento matemático: mais acima na escala dos entes ele é suprimido completamente; justamente porque o conteúdo da aparição sobrepuja a forma. Esse conteúdo é vontade, o a posteriori, a coisa em si, o livre, o infundamentado. Mostrei, sob a rubrica "Fisiologia vegetal", como em entes viventes e cognoscentes o motivo e o ato da vontade, o representar e o querer, se distinguem e se separam de modo cada vez mais nítido quanto mais alto se sobe na escala dos entes. Da mesma maneira, também no reino da natureza inorgânica a causa distingue-se, segundo a mesma medida, progressivamente do efeito, e na mesma medida o puramente empírico, a aparição da vontade, mostra-se de modo cada vez mais nítido; mas justamente com isso a compreensibilidade é reduzida. Isso merece uma discussão detalhada, para a qual solicito a atenção exclusiva do leitor; uma vez que tal discussão é especialmente apropriada para trazer à luz do dia o pensamento fundamental de minha doutrina, tanto no que tange à compreensibilidade, quanto no que tange à evidência. Nisso, porém, consiste tudo que posso fazer: fazer, por outro lado, com que pensamentos sejam mais bem-vindos a meus contemporâneos que palavreado vazio não está em meu poder; pelo contrário, posso apenas me consolar por não ser o homem de meu tempo.

No patamar mais inferior da natureza, causa e efeito são complemente homogêneos e uniformes; razão pela qual entendemos aqui a conexão causal do modo mais perfeito: a causa do movimento de uma esfera impelida, por exemplo, é o de uma outra, a qual perde exatamente a mesma quantidade de movimento quanto aquela obtém. Temos aqui a maior compreensibilidade possível da causalidade. O que permanece misterioso aí se limita à possibilidade da passagem do movimento – incorpóreo – de um corpo a outro. A receptividade dos corpos desse tipo é tão pequena que o efeito a ser gerado deve passar a eles completamente da causa. O mesmo vale para todos os efeitos puramente mecânicos; e, se não os compreendemos todos dessa maneira instantaneamente, isso se deve somente ao fato de condições secundárias os encobrirem ou de a conexão complicada de muitas causas e efeitos nos confundir: em si a causalidade mecânica é em toda parte igualmente apreensível, e no mais alto grau, pois aqui causa e efeito não são *qualitativamente* distintos, e onde o são *quantitativamente*, como no caso da alavanca, a coisa deixa-se esclarecer a partir de meras relações espaciais e temporais. No entanto, assim que pesos passam a agir conjuntamente, aparece um segundo elemento misterioso: a gravidade; se agirem corpos elásticos, também a elasticidade. – A coisa muda de figura quando nos elevamos mais na escala das aparições. Aquecimento como causa e expansão, liquefação, volatilização ou cristalização como efeito não são homogêneos: a sua conexão causal não é, portanto, compreensível. A apreensibilidade da causalidade reduziu-se: aquilo que se torna líquido com menos calor volatiliza-se com mais calor; aquilo que cristaliza com um calor menor derrete-se com um calor maior. O calor amolece a cera e endurece a argila; a luz embranquece a cera e enegrece o cloreto de prata. Mesmo quando dois sais se decompõem mutuamente, formando-se dois novos, a sua afinidade eletiva é um mistério profundo para nós, e as propriedades dos dois novos corpos não são a união das propriedades de suas partes constitutivas tomadas separadamente. Podemos, no entanto, ainda acompanhar e verificar a decomposição donde se constituíram os novos corpos; podemos também separar novamente aquilo que foi conectado, mantendo com isso o mesmo *quantum*. Surgiram, aqui, heterogeneidade e incomensurabilidade perceptíveis: a causalidade tornou-se mais misteriosa. Ambas são ainda mais presentes quando comparamos os efeitos da eletricidade ou da coluna voltaica com suas causas, com a fricção do vidro ou com a estratificação e oxidação das placas. Aqui já desaparece toda similaridade entre causa e efeito: a causalidade oculta-se sob um denso véu, cuja relativa rarefação foi objeto dos maiores esforços de homens como Davy, Ampère e Faraday. Somente as *leis* de sua causação deixam-se extrair e trazer a esquemas como +E e -E, comunicação, distribuição, choque, ignição, decomposição, carga, isolamento, descarga, corrente elétrica, entre outros, aos quais reconduzimos o efeito, podendo também guiá-lo arbitrariamente por eles: mas o acontecimento mesmo permanece desconhecido, um x. Causa e efeito são aqui, portanto, totalmente heterogêneos, sua conexão, incompreensível, e os corpos demonstram grande receptividade para uma influência causal, cuja essência permanece um mistério para nós. Também parece-nos que, à medida que vamos nos elevando, o efeito cresce, enquanto a causa diminui. Tudo isso se torna ainda mais evidente quando nos elevamos até os reinos orgânicos, onde se revela o fenômeno da vida. Se, como é frequente na China, se preenche uma fossa com madeira apodrecida, cobrindo-a com folhas da mesma árvore e regando-a repetidamente com uma solução de nitrato de potássio, surge então uma rica vegetação de cogumelos comestíveis. Um pouco de feno, quando regado com água, gera um mundo de pequenos infusórios agitados. Quão heterogêneos são aqui efeito e causa, e como parece haver muito mais no primeiro do que na última! Entre a semente por vezes centenária, mesmo milenar, e a árvore, entre o solo e a seiva específica, tão altamente diferenciada, de inúmeras plantas – benéficas, venenosas, nutritivas – que *um* solo carrega, *uma* luz solar ilumina, *uma* chuva encharca, não há mais qualquer similaridade, e, portanto, nenhuma compreensibilidade para nós. Pois a causalidade surge aqui já em uma potência mais elevada, a saber, como estímulo e receptividade para tal. Restou-

-nos apenas o esquema de causa e efeito: reconhecemos isto como causa, aquilo como efeito, mas nada do modo de ser da causalidade. E não só não se encontra nenhuma semelhança qualitativa entre a causa e o efeito, mas tampouco uma relação quantitativa: o efeito parece cada vez mais considerável do que a causa; tampouco o efeito do estímulo cresce de acordo com sua elevação, mas ocorre frequentemente o contrário. Mas se penetramos agora no reino dos entes *cognoscentes*; então não há entre a ação e o objeto que, enquanto representação, a chama à existência nenhuma semelhança, nenhuma relação. Entretanto, no caso dos animais limitados a representações *intuitivas*, a *presença* do objeto que age como motivo ainda é necessária, o qual então age instantânea e inevitavelmente (desconsiderando-se o adestramento, isto é, o hábito forçado pelo medo): pois o animal não pode carregar consigo nenhum conceito que o torne independente da impressão presente, que dê a possibilidade da reflexão e o capacite a agir premeditadamente. Isso pode o ser humano. Finalmente, portanto, entre os entes racionais, o motivo já não é nem mais presente, intuitivo, dado, real, mas um mero conceito que tem sua existência atual apenas no cérebro do agente, sendo, no entanto, extraído a partir de muitas intuições distintas, da experiência de anos passados, ou também transmitido por meio de palavras. A segregação entre causa e efeito tornou-se tão desmedida, tendo o efeito crescido tão intensamente em relação à causa, que agora parece ao entendimento cru que não está dada mais nenhuma causa, que o ato da vontade não depende de nada, que ele seria infundado, ou seja, livre. Justamente por isso interpretamos os movimentos de nossos corpos, quando os observamos refletidamente de fora, como algo que ocorre sem causa, quer dizer, como um verdadeiro milagre. Apenas a experiência e a cogitação ensinam-nos que esses movimentos, como todos os outros, são possíveis somente por meio de uma causa, a qual chamamos aqui de motivo, e que naquela escala dos entes a causa ficou para trás em relação ao efeito apenas em termos de realidade material, acompanhando-o, no entanto, em termos de realidade dinâmica, energética. – Nesse patamar, portanto, o mais alto da natureza, a compreensibilidade da causa nos deixou mais do que em qualquer outra parte. Restou apenas o mero esquema, tomado de modo totalmente geral, e é necessária uma reflexão madura para também aqui reconhecer ainda a sua aplicabilidade e a necessidade que esse esquema carrega consigo em toda parte.

Agora, porém – assim como, penetrando-se a gruta de Posilipo, encontramo-nos cada vez mais no escuro, até que, após termos ultrapassado a metade, a luz do dia começa aos poucos a iluminar a outra ponta do caminho; também aqui –, onde a luz do entendimento, voltada para fora, com sua forma da causalidade, depois de ter sido dominada cada vez mais pela escuridão, irradiava por fim somente um brilho fraco e incerto; justamente aí lhe vai ao encontro um esclarecimento de tipo completamente distinto, de um lado totalmente outro, de nosso próprio interior, devido à circunstância casual de que, neste ponto, nós, ao mesmo tempo em que emitimos o juízo, somos nós mesmos também os objetos a serem julgados. Para a intuição externa e para o entendimento nela ativo, a dificuldade crescente da compreensão da conexão causal, de início tão clara, aumentou gradualmente até tal grau que esta, nas ações animais, tornou-se por fim quase dúbia, permitindo que estas fossem consideradas até mesmo como uma espécie de milagre: justamente agora, porém, vem de um lado completamente outro, do próprio eu do observador, a lição imediata de que em tais ações a vontade é o agente, a vontade, que lhe é mais conhecida e confiada do que tudo aquilo que a intuição externa jamais poderá lhe fornecer. Esse conhecimento, e somente ele, deve tornar-se para o filósofo a chave para a imersão no interior de todos aqueles acontecimentos da natureza desprovida de cognição, nos quais a explicação causal era decerto mais suficiente do que nos considerados por último, e tanto mais clara quanto mais distante estivessem destes, mas que deixava, no entanto, também lá sempre um x desconhecido para trás, não sendo jamais capaz de esclarecer o interior do evento, nem mesmo no caso dos corpos movidos por choque ou atraídos pela gravidade. Esse x dilatara-se progressivamente, tendo por fim feito a explicação causal retroceder completamente, revelando-se, porém, quando essa explicação podia fornecer o mínimo, como *vontade* – comparavelmente a Mefistófeles, quando este, por consequência de ataques eruditos, surge de dentro do poodle, tornado colossal, cujo cerne ele era.[35] *Reconhecer a identidade desse x* também nos patamares mais inferiores, onde ele aparecia de maneira mais fraca, depois nos mais elevados, onde ele espalhava mais e mais sua obscuridade, finalmente no mais elevado de todos, onde deixou tudo em sombras, e, após tudo isso, naquele ponto em que se revela em nossa própria aparição à autoconsciência como vontade, é, com base na investigação aqui executada, inevitável. As duas fontes fundamentalmente distintas de nossa cognição, a externa e a interna, devem ser postas em conexão neste ponto pela reflexão. A compreensão da natureza e do próprio eu depende unicamente dessa conexão: com isso, porém, o interior da natureza é revelado ao nosso intelecto, o qual, por si só, tem acesso apenas ao que lhe é externo, e o segredo cuja solução a filosofia investiga há tanto tempo

---

35. "Das also war des Pudels Kern!" [Era este, pois, o cerne do poodle!] *Fausto*, 1, 1323. (N.T.)

encontra-se desvelado. Pois fica claro, assim, o que são efetivamente o real e o ideal (a coisa em si e a aparição), de modo que a questão fundamental em torno da qual gira a filosofia desde Cartesius [Descartes], a pergunta pela relação entre ambos – cuja total diversidade foi exposta por Kant do modo mais perfeito, com profundidade inigualável, e cuja identidade absoluta foi afirmada em seguida por sacos de vento, que a creditaram à intuição intelectual –, é resolvida. Se, porém, nos subtraímos essa noção, efetivamente a única estreita passagem para a verdade; então não chegaremos jamais à compreensão da essência íntima da natureza, uma vez que não há nenhum outro caminho que leve a ela; cai-se, muito antes, vítima de um engano insolúvel. Pois obtém-se, assim, como dito antes, dois princípios fundamentalmente distintos do movimento, entre os quais se coloca uma divisória firme: o movimento por causas e aquele pela vontade. O primeiro permanece, assim, eternamente incompreensível quanto ao que lhe é interno, pois todas as suas explicações deixam para trás esse x insolúvel, o qual toma tanto mais em si quanto mais elevado o objeto da investigação se encontrar – e o segundo, o movimento por meio da vontade, coloca-se como totalmente alheio ao princípio da causalidade, como infundamentado, como liberdade das ações individuais, ou seja, como totalmente oposto à natureza e absolutamente inexplicável. Se realizamos, porém, a união acima exigida da cognição externa com a interna no ponto em que se tocam, reconhecemos, assim, apesar de todas as distinções acidentais, duas identidades, a saber: a da causalidade consigo mesma em todos os patamares e a do x inicialmente desconhecido (isto é, das forças da natureza e das aparições vitais) com a vontade em nós. Reconhecemos, digo eu, primeiramente a essência idêntica da causalidade nas diferentes formas que deve assumir em patamares distintos, podendo mostrar-se como causa mecânica, química, física, como estímulo, como motivo intuitivo, como motivo abstrato, pensado: reconhecemo-la como uma e a mesma tanto ali onde o corpo que se choca perde tanto movimento quanto ele comunica, como também ali onde pensamentos lutam com pensamentos e o pensamento vencedor, enquanto motivo mais forte, põe o homem em movimento, movimento este que não ocorre com menos necessidade do que aquele da esfera impelida pelo choque. Em vez de, ali onde nós mesmos somos movimentados – sendo assim o que é interior a esse acontecimento íntima e completamente conhecido para nós –, sermos cegados e confundidos por essa luz interior, alienando-nos, por meio disso, da conexão causal de todo o resto da natureza e vedando eternamente para nós a sua compreensão; somamos o novo conhecimento, obtido a partir de dentro, ao externo, como sendo sua chave, e reconhecemos a segunda identidade, a identidade de nossa vontade com aquele x que até então nos era desconhecido e que permanece como resto em toda explicação causal. E com isso dizemos: também ali, onde a causa mais palpável traz consigo o efeito, esse elemento misterioso ainda presente, esse x ou o efetivamente interno ao evento, o verdadeiro agente, o em si dessa aparição – a qual, afinal, nos é dada apenas como representação e segundo as formas e leis da representação –, é essencialmente o mesmo que aquilo que, nas ações de nosso corpo, igualmente dado como intuição e representação, nos é íntima e imediatamente conhecido como *vontade*. – Esse é (quer vos agrade ou não!) o fundamento da verdadeira filosofia: e, se este século é incapaz de percebê-lo, os muitos seguintes irão fazê-lo. *"Tempo è galantuomo! (se nessun' altro)."* [O tempo é um cavalheiro! (ainda que ninguém mais o seja).] – Da mesma maneira, portanto, que reconhecemos, por um lado, a essência da causalidade, a qual possui sua maior nitidez apenas em seus patamares mais inferiores, em todos os patamares da objetivação da vontade (isto é, da natureza), mesmo nos mais elevados; reconhecemos também por outro lado a essência da vontade em todos os patamares, também nos mais profundos, embora obtenhamos esse conhecimento imediatamente apenas no mais elevado de todos. O antigo engano diz: onde há vontade, não há mais causalidade, e onde há causalidade, não há vontade. Nós, porém, dizemos: em toda parte em que houver causalidade, haverá vontade; e nenhuma vontade age sem causalidade. O *punctum controversiae* [ponto de controvérsia] é, portanto, se vontade e causalidade podem e devem ocorrer em um mesmo evento. O que dificulta a cognição de que realmente seja assim é a circunstância que faz causalidade e vontade serem reconhecidas de dois modos fundamentalmente distintos: conhecemos a causalidade totalmente de fora, de forma totalmente mediada, totalmente por meio do entendimento; a vontade, porém, totalmente de dentro, de modo totalmente imediato; seguindo-se daí que quanto mais clara, em cada caso dado, for a cognição de uma, tanto mais a da outra será obscura. Por isso reconhecemos menos a essência da vontade ali onde a causalidade é mais apreensível; e, onde a vontade se anuncia inconfundivelmente, a causalidade é obscurecida em tal medida que o entendimento cru pôde ousar negá-la. – A causalidade, porém, como aprendemos com Kant, nada mais é do que a própria forma do entendimento cognoscível a priori, e portanto a essência da *representação* enquanto tal, a qual constitui um lado do mundo; o outro lado é *vontade*: ela é a coisa em si. Essa relação inversa entre o esclarecer-se da causalidade e da vontade, esse avançar e recuar alternado de ambas, deve-se, portanto, ao fato de quanto mais uma coisa nos for dada como mera aparência, ou seja, como representação, tanto mais nitidamente se mostrará nela a forma apriorística da representação, isto é, a causalidade; como é o caso na natureza inanimada – inversamente, porém, quanto mais imediatamente a vontade nos for conhecida, tanto mais recuará a forma da representação, a causalidade; como é o caso em nós mesmos. Quanto mais próximo, portanto, um lado do mundo estiver, tanto mais perderemos o outro de vista.

Linguística

Sob esta rubrica comunicarei somente uma observação feita por mim mesmo nesses últimos anos, a qual parece ter até agora escapado à atenção. Que, porém, ela seja digna de consideração é atestado pela sentença de Sêneca: "*Mira in quibusdam rebus verborum proprietas est, et consuetudo sermonis antiqui quaedam efficacissimis notis signat.*" [É impressionante para algumas coisas o acerto da expressão, e o uso linguístico dos antigos designa muitas coisas de maneira eficacíssima.] (*Epistulae* [Epístolas], 81, 9). E *Lichtenberg* diz: "Quando se pensa bastante, encontra-se muita sabedoria inscrita na linguagem. Pois não é verossímil que insiramos tudo por conta própria, mas há efetivamente muita sabedoria nela contida" [*Vermischte Schriften* [Escritos mistos], 1844, 1, p. 326].

Em muitas, talvez em todas as línguas, também a ação dos corpos desprovidos de cognição, e mesmo dos inanimados, é expressa por meio do querer, atribuindo-lhes, portanto, antecipadamente uma vontade; mas jamais um conhecer, representar, perceber, pensar: nenhuma expressão que contivesse algo desse tipo me é conhecida.

Assim diz Sêneca (*Quaestiones naturales* [Investigações acerca da natureza] 2, 24 [§§ 2-3]) do fogo arremessado das alturas no raio:

In his ignibus accidit, quod arboribus, quarum cacumina, si tenera sunt, ita deorsum trahi possunt, ut etiam terram attingant; sed cum permiseris, in locum suum exsilient. Itaque non est, quod eum spectes cuiusque rei habitum, qui illi non ex voluntate *est. Si ignem permittis ire, quo velit, caelum repetet.*

[Aqui ocorre com o fogo o mesmo que com as árvores, cujas copas flexíveis podem ser puxadas de tal modo para baixo que chegam a tocar o solo; mas, quando soltas, subirão de volta a seu lugar. Não é, portanto, adequado observar aquele estado de uma coisa que não é de acordo com sua *vontade*. Quando permites ao fogo ir para onde *quer*, então este subirá em direção ao céu.]

Em sentido mais geral, diz Plínio: "*Nec quaerenda in ulla parte naturae ratio, sed voluntas.*" [Tampouco razão deve ser buscada em qualquer parte da natureza, mas vontade.] (*Historia naturalis* [História natural], 37, 15). Não menos evidências nos oferece o grego: Aristóteles diz, ao definir a gravidade (*De caelo* [Do céu], 2, cap. 13 [294a 13]): Μικρὸν μὲν μόριον τῆς γῆς, ἐὰν μετεωρισθὲν ἀφεθῇ, φέρεται καὶ μένειν οὐκ ἐθέλει. (*Parva quaedam terrae pars, si elevata dimittitur, fertur neque vult manere.*) [Se alguma partícula da Terra é elevada às alturas e largada, ela cai, e não *quer* permanecer.] E, no capítulo seguinte [297b 21]: Δεῖ δὲ ἕκαστον λέγειν τοιοῦτον εἶναι, ὃ φύσει βούλεται εἶναι καὶ ὃ ὑπάρχει, ἀλλὰ μὴ, ὃ βίᾳ καὶ παρὰ φύσιν. (*Unumquodque autem tale dicere oportet, quale natura sua esse vult et quod est, sed non id, quod violentia et praeter naturam est.*) [Deve-se, porém, dizer de cada coisa que esta é da maneira que sua natureza *quer* ser e é, e não o que é por meio de violência e contra sua natureza.] Muito significativo e já mais do que meramente linguístico é que Aristóteles, na *Ethica magna* [Ética magna], 1, cap. 14 [1188b 7], onde trata explicitamente tanto de entes inanimados (o fogo, que anseia subir, e a terra, que anseia descer) quanto de animais, diz que estes poderiam ser forçados a fazer algo "contra sua natureza ou sua vontade": παρὰ φύσιν τι ἢ παρ' ἃ βούλονται ποιεῖν – colocando, assim, corretamente παρ' ἃ βούλονται como paráfrase de παρὰ φύσιν. – *Anacreonte*, na 29ª ode, εἰς Βάθυλλον, onde discursa sobre a imagem de seu amado, diz de seus cabelos: Ἕλικας δ' ἐλευθέρους μοι πλοκάμων ἄτακτα συνθείς ἄφες, ὡς θέλωσι, κεῖθ σαι. (*Capillorum cirros incomposite iungens, sine, utut volunt, iacere.*) [Mas deixa os rolos dos cachos, quando arrumas o cabelo, esvoaçarem livres, como quiserem; *Anacreontea*, 16, 7.] Em alemão diz *Bürger*: "O riacho *quer* descer, não subir". Também na vida cotidiana dizemos diariamente: "A água ferve, ela quer transbordar" – "O recipiente quer rebentar" – "A escada não quer parar em pé". – "*Le feu ne veut pas brûler*" – "*La corde, une fois tordue, veut toujours se retordre*". [O fogo não quer queimar – A corda, uma vez torcida, quer sempre se destorcer.] – Em inglês o verbo "querer" chegou a se tornar o auxiliar do futuro de todos os outros verbos, com o que é expresso que há um querer no fundo de toda atividade. Além disso, a ânsia de coisas desprovidas de cognição e vida é também designada expressivamente com "*to want*", palavra que é a expressão de todo desejar e ansiar humano: "*The water wants to get out*" – "*The steam wants to make itself way through*". [A água quer sair – O vapor quer encontrar um caminho para exalar.] – Igualmente em italiano: "*Vuol piovere*" – "*Quest' orologio non vuol andare*". [Quer chover – Este relógio não quer andar.] Além disso, o conceito do querer penetrou tão profundamente nessa língua que é utilizado para designar toda exigência, toda necessidade: "*Vi vuol un contrapeso*" – "*Vi vuol pazienza*". [Isto exige um contrapeso – Isto exige paciência.]

Até mesmo no chinês, fundamentalmente distinto de todas as línguas do tronco sânscrito, encontramos um exemplo bastante expressivo daquilo de que ora tratamos: pois lê-se, nos comentários ao *I-Ching*, segundo a tradução precisa do padre Regis: "*Yang seu materia caelestis* vult *rursus ingredi vel (ut verbis doctoris Tching-tse utar)* vult *rursus esse in superiore loco; scilicet illius naturae ratio ita fert seu innata lex*". [O Yang, a matéria celestial, quer retornar para lá ou (para servir-me das palavras do mestre Tching-tse) ele quer retomar a posição superior, pois isso é próprio do modo de ser de sua natureza ou de uma lei que lhe é interna.] (*I-Ching*, edição de Julius Mohl, vol. 1, p. 341).

É decididamente mais do que linguístico, a saber, uma expressão de acontecimentos no processo químico entendidos e sentidos intimamente, quando *Liebig* diz, em sua *Chemie in ihrer Anwendung auf Agrikultur* [Química em sua aplicação à agricultura], p. 394: "Forma-se o aldeído, o qual se liga com a mesma *avidez* que o ácido sulfuroso diretamente ao oxigênio para formar o ácido etanoico". – E outra vez em sua *Chemie in Anwendung auf Physiologie* [Química em aplicação à fisiologia]: "O aldeído, o qual extrai com *grande avidez* o oxigênio do ar". Considerando-se que, falando da mesma aparição, ele se utiliza duas vezes dessa expressão, conclui-se que isso não se deve ao acaso, mas ao fato de somente essa expressão corresponder à coisa.[F30]

A linguagem, portanto, essa expressão mais imediata de nossos pensamentos, dá sinais de que necessitamos pensar todo impulso interno como um querer, mas sem conferir de modo algum também cognição às coisas. A concordância talvez sem exceções das línguas nesse ponto evidencia que não se trata de um mero tropo [figura de linguagem], mas que, ao contrário, uma sensação profundamente arraigada da essência das coisas determina aqui a expressão.

Magnetismo animal e magia

No ano de 1818, quando surgiu minha obra magna, o magnetismo animal chegara havia pouco tempo a lograr na luta por sua existência. Com vistas à sua explicação, porém, havia sido jogada alguma luz sobre a parte passiva, isto é, sobre aquilo que ocorre com o paciente no processo, quando a oposição apontada por *Reil* entre os sistemas cerebral e ganglionar foi tomada como princípio explicativo; a parte ativa, por outro lado, o verdadeiro agente graças ao qual o *magnetiseur* evoca esses fenômenos, encontrava-se ainda em completa obscuridade. Tateava-se ainda por entre todo tipo de princípios explicativos materiais, como o éter cósmico onipenetrante de Mesmer ou também a exalação cutânea do *magnetiseur* assumida como causa por Stieglitz, entre outros. Em todo caso, elevou-se-o a um "espírito nervoso", o que é, no entanto, somente uma expressão para uma coisa desconhecida. Indivíduos iniciados mais profundamente pela práxis mal começavam a iluminar a verdade. Eu, de minha parte, ainda estava longe de esperar do magnetismo uma confirmação direta de minha doutrina.

Mas *dies diem docet* [um dia ensina ao outro], e assim a grande mestra experiência trouxe à luz, desde então, que esse agente de profundas influências – o qual, partindo do *magnetiseur*, evoca efeitos que parecem tão completamente contrários ao decorrer regular da natureza que a longa dúvida acerca dele, a descrença obstinada, a sua condenação de parte de uma comissão entre cujos membros estavam Franklin e Lavoisier, resumidamente: tudo o que se opôs ao magnetismo tanto no primeiro como no segundo período (a não ser o grosseiro e estúpido julgar sem investigar dominante até há pouco na Inglaterra) é completamente perdoável – que, digo eu, esse agente nada mais é que *a vontade* do magnetizador. Eu não acredito que prevaleça, nos dias de hoje, entre aqueles que ligam a prática ao discernimento, qualquer dúvida acerca desse ponto, e considero, portanto, superficial mencionar os numerosos depoimentos dos *magnetiseurs* que o reforçam.[F31] Desse modo, o mote de *Puységur* e dos *magnetiseurs* franceses mais antigos "*Veuillez et croyez!*" [Querei e crede], isto é, "Querei com confiança!", não foi somente comprovado com o tempo, mas desenvolveu-se efetivamente até uma noção correta do próprio acontecimento.[F32] É suficientemente ressaltado no [*System des*] *Tellurismus* [*oder tierischen Magnetismus*] [Sistema do telurismo ou magnetismo animal] de *Kieser*, o qual é ainda o manual mais exaustivo e elaborado do magnetismo animal, que nenhum ato magnético tem efeito sem a vontade, mas que, por outro lado, a mera vontade sem atos externos pode trazer à existência todos os efeitos magnéticos. A manipulação parece ser somente um meio para fixar o ato da vontade e sua orientação, para corporizá-lo em certa medida. Nesse sentido diz Kieser (*Tellurismus*, vol. 1, p. 379): "Na medida em que as mãos do ser humano, enquanto os órgãos que expressam a atividade manipuladora humana", isto é, a vontade, "de modo mais visível, são os órgãos agentes na magnetização, constitui-se a manipulação magnética". *De Lausanne*, um *magnetiseur* francês, expressa-se de maneira ainda mais precisa acerca desse tema nos *Annales du magnétisme animal* [Anais do magnetismo animal], 1814-1816, livro 4, ao dizer:

> *L'action du magnétisme dépend de la seule volonté, il est vrai; mais l'homme ayant* une forme extérieure et sensible, *tout ce qui est à son usage, tout ce qui doit agir sur lui, doit nécessairement en avoir une, et pour que la volonté agisse, il faut qu'elle employe un mode d'action.*
> [A ação do magnetismo depende, é verdade, somente da vontade; mas, uma vez que o homem possui uma forma externa e perceptível, também tudo o que serve a seu uso e tudo o que deve agir sobre ele deve ter necessariamente uma tal forma, e, para que a vontade aja, ela precisa empregar um modo de ação.]

Considerando-se que, segundo minha doutrina, o organismo é a mera aparição, visibilidade, objetidade da vontade, sendo na verdade somente a própria vontade intuída no cérebro como representação, então também o ato externo da manipulação coincide com o ato interno da vontade.[L4] Onde, porém, se age sem a manipulação, a coisa se dá em certa medida artificialmente, por um desvio, em que a fantasia substitui o ato externo, por vezes até a presença física – razão pela qual é muito mais difícil, logrando raramente. Em consonância com isso, Kieser menciona que as palavras proferidas "Dorme!" ou "Tu deves!" têm um efeito mais forte sobre o sonâmbulo do que o mero querer interior do *magnetiseur*. – A manipulação e o ato externo em geral, por outro lado, são um meio realmente infalível para a fixação e a atividade da vontade do *magnetiseur*, justamente porque atos externos sem qualquer vontade não são nem mesmo possíveis, uma vez que o corpo e seus órgãos nada mais são do que a visibilidade da própria vontade. Disso se explica o fato de *magnetiseurs* magnetizarem por vezes sem esforço consciente de sua vontade e praticamente sem pensar, sem prejuízos para seus efeitos. No geral, não é a consciência do querer, a reflexão sobre o mesmo, mas o próprio querer puro, segregado tanto quanto possível de toda representação, que age magneticamente. Por isso encontramos, nas instruções ao *magnetiseur* dadas por Kieser (*Tellurismus*, vol. I, p. 400 ss.), a proibição expressa de todo pensar e refletir tanto do médico como do paciente acerca de seu agir e sofrer mútuo, de todas as impressões externas que estimulem representações, de todo tipo de conversa entre ambos, de toda presença estranha, até mesmo da luz do dia etc., e a recomendação de que tudo se dê tão inconscientemente quanto possível; o que também vale para curas simpáticas. A verdadeira razão para tudo isso é que aqui a vontade age em sua primordialidade, como coisa em si, o que exige que a representação, enquanto um âmbito dela distinto, secundário, seja suprimida na medida do possível. Evidências factuais da verdade de que o real agente na magnetização é a vontade, sendo todo ato externo seu mero veículo, podem ser encontradas em todos os melhores escritos mais recentes sobre o magnetismo, e seria um prolongamento desnecessário repeti-las aqui; quero, porém, incluir *uma* delas, não por ser especialmente notável, mas por provir de um homem extraordinário, e por seu testemunho despertar um interesse próprio: é Jean Paul que diz, em uma carta (impressa em *Wahrheit aus Jean Pauls Leben* [A verdade acerca da vida de Jean Paul], vol. 8, p. 120): "Eu quase levei, em uma companhia numerosa, uma certa sra. Von K. a dormir duas vezes por meio de um mero mirar *obstinado*, do qual ninguém sabia, e antes também a palpitações no coração e palidez, até que S. precisou ajudá-la". Hoje em dia a manipulação comum é também frequentemente substituída com grande sucesso por um mero tomar e segurar as mãos do paciente acompanhado de uma mirada fixa – justamente porque também esse ato externo é apropriado para fixar a vontade em uma orientação determinada. Essa violência imediata que a vontade pode exercer sobre outros, porém, é revelada acima de tudo nas magníficas experiências do sr. *Dupotet* e de seus alunos, que são executadas por ele em Paris até mesmo publicamente, e nas quais, por meio de sua mera vontade, apoiada por poucos gestos, orienta e determina uma pessoa estranha arbitrariamente, chegando a forçá-la às contorções mais inauditas. Um breve relato desses eventos é dado por um pequeno escrito, aparentemente de intenções inteiramente honestas: *Erster Blick in die Wunderwelt des Magnetismus* [Primeiro olhar sobre o maravilhoso mundo do magnetismo] de Karl Scholl, 1853.[F33]

Uma confirmação de outro tipo à verdade aqui discutida também é dada naquilo que é dito, nas *Mitteilungen über die Somnambule Auguste K. in Dresden* [Relatos sobre a sonâmbula Auguste K. em Dresden], 1843, por ela mesma na p. 53:

> Eu me encontrava em estado de sonolência; meu irmão queria tocar uma peça que lhe era conhecida. Pedi-lhe que não a tocasse, pois a peça não me agradava. Ele tentou tocá-la mesmo assim, de modo que levei minha firme vontade contrária até o ponto em que ele, apesar de todo esforço, não podia mais rememorar a peça.

– A coisa atinge o ponto culminante do clímax, porém, quando essa violência imediata da vontade chega a se estender sobre corpos inanimados. Por mais inacreditável que isso pareça, encontram-se, no entanto, disponíveis dois relatos acerca disso, vindos de fontes totalmente distintas. A saber, no livro acima mencionado é narrado, nas p. 115, 116 e 318, com citações de testemunhas, que essa sonâmbula desviou a agulha de uma bússola, uma vez em 7°, e outra em 4°, sem qualquer uso das mãos, com sua mera vontade, por meio da fixação do olhar

sobre a agulha, e repetindo quatro vezes o experimento.
– Também o "Galignani's Messenger" da revista inglesa *Britannia* de 23 de outubro de 1851 relata que a sonâmbula Prudence Bernard de Paris forçou, em uma sessão pública em Londres, simplesmente voltando a cabeça de um lado para o outro, a agulha de uma bússola a acompanhar esse movimento; situação em que o sr. *Brewster*, filho do físico, e dois outros senhores do público assumiram a posição de jurados (*acted as jurors*).

Ao vermos agora a vontade, a qual eu apontei como a coisa em si, o unicamente real em toda existência, o cerne da natureza, partir do indivíduo humano no magnetismo animal, e para além disso perpetrar atos inexplicáveis segundo a conexão causal, quer dizer, pela lei do curso da natureza, chegando a suspender essa lei em certa medida e praticando efetivamente uma *actio in distans* [ação a distância], exibindo assim um domínio sobrenatural, isto é, metafísico sobre a natureza – eu não saberia dizer que confirmação mais positiva de minha doutrina ainda restaria exigir. Pois até mesmo um *magnetiseur* sem dúvida ignorante de minha filosofia, o conde Szapary, é levado, por consequência de suas experiências, a aduzir ao título de seu livro, *Ein Wort über Animalischen Magnetismus, Seelenkörper und Lebensessenz* [Uma palavra sobre magnetismo animal, corpos anímicos e essência vital], de 1840, as seguintes refletidas palavras como esclarecimento: "ou provas físicas de que a corrente magnético-animal é o elemento, e de que *a vontade é o princípio de toda vida espiritual e corpórea*". – Com isso, o magnetismo animal aparece efetivamente como a *metafísica prática*, termo que já [Francis] Bacon de Verulâmio utilizara, em sua classificação das ciências (*Instauratio magna* [Instauração Magna], livro 3), para designar a *magia*: ele é a metafísica empírica ou experimental. – Uma vez que, mais além, a vontade se apresenta no magnetismo animal como coisa em si, vemos o *principium individuationis* [princípio de individuação] (espaço e tempo), pertencente à mera aparição, ser suprimido de um só golpe: as suas barreiras que distinguem os indivíduos são rompidas; espaços não separam o *magnetiseur* da sonâmbula, entra em jogo o compartilhamento de pensamentos e de movimentos da vontade: o estado de clarividência vai além das relações de proximidade e distância, presente e futuro, as quais, por estarem condicionadas por espaço e tempo, pertencem à mera aparição.

Graças a tal estado de coisas fez-se valer, apesar de tantas razões e preconceitos opostos, a opinião, quase a certeza, de que o magnetismo animal e seus fenômenos são idênticos a uma parte da *magia* de outrora, aquela notória arte secreta, de cuja realidade não apenas os séculos cristãos que a perseguiram tão duramente, mas igualmente também todos os povos do mundo inteiro, inclusive os selvagens, estiveram convencidos ao longo de todas as eras, e a cujas aplicações nocivas já as doze tábuas romanas[F34], os livros de Moisés e até mesmo o décimo primeiro livro das *Leis* de Platão conferem a sentença de morte. O quão seriamente era tomada também nos tempos romanos mais esclarecidos dos imperadores antoninos é comprovado no belo discurso de Apuleio em defesa à acusação de magia levantada contra ele, a qual ameaçava sua vida (*Oratio de magia* [Apologia da magia], p. 104, edição Bipontini), no qual se esforça exclusivamente por afastar de si a acusação, mas sem desmentir em parte alguma a possibilidade da magia, entrando muito antes em detalhes tão esdrúxulos quanto os que costumam figurar nos processos contra a bruxaria da Idade Média. Somente o último século na Europa constitui uma exceção em relação a essa crença, e isso graças a Balthasar Bekker,

Thomasius e alguns outros, os quais, na boa intenção de fechar para sempre as portas aos horripilantes processos contra a bruxaria, afirmavam a impossibilidade de toda magia. Essa opinião, favorecida pela filosofia do mesmo século, obteve na época a prevalência, embora somente entre as categorias eruditas e educadas. O povo jamais deixou de crer em magia, nem mesmo na Inglaterra, cujas classes cultas, munidas de uma degradante crença incondicional quanto a assuntos religiosos, costumam unificar todos os fatos que vão além das leis de choque e ricochete ou de ácidos e alcalinos sob uma inabalável descrença thomasiana ou thomasiusista, recusando-se a ouvir de seu grande compatriota que há mais coisas no céu e na terra do que sua filosofia permite sonhar.[36] – Um ramo da antiga magia mantém-se no povo até mesmo de modo manifesto, sendo exercido diariamente, o que lhe foi permitido graças à sua intenção benévola, a saber: as curas simpáticas, de cuja realidade mal se pode duvidar. A mais cotidiana destas é a cura simpática[L5] das verrugas, cuja eficácia já o cauteloso e empírico Bacon de Verulamo confirma a partir da própria experiência (*Silva silvarum* [A floresta das florestas], § 997); também é comum o conversar com o herpes-zóster, e com sucesso tão frequente que é fácil se convencer dele; também o conversar com a febre dá certo com frequência etc.[F35] – que neste caso o verdadeiro agente não são as palavras sem sentido e as cerimônias, mas, como no magnetismo, a vontade do curador não requer, após o que foi dito anteriormente acerca do magnetismo, nenhuma argumentação. Aqueles ainda não familiarizados com curas simpáticas podem encontrar exemplos no *Archiv für den tierischen Magnetismus* de Kieser, vol. 5, revista 3, p. 106; vol. 8, revista 3, p. 145; vol. 9, revista 2, p. 172; e vol. 9, revista 1, p. 128. Também

---

36. Shakespeare: *Hamlet* 1, 5. (N.A.)

o livro do dr. *Most, Über sympathetische Mittel und Kuren* [Sobre antídotos e curas simpáticos], de 1842, é útil para a familiarização preliminar com o assunto.[F36] – Esses dois fatos, portanto, o magnetismo animal e as curas simpáticas, atestam empiricamente a possibilidade de um efeito mágico oposto ao físico, o qual o século passado recusou tão peremptoriamente ao não querer absolutamente deixar valer como possível nenhum efeito além do físico, ocorrido segundo um nexo causal compreensível.

É uma circunstância feliz que a retificação dessa noção em nossos dias tenha partido das ciências médicas – pois isso já garante que o pêndulo da opinião não possa obter novamente um impulso demasiado forte para o lado oposto, arremessando-nos de volta às superstições de tempos mais rudes. Também, como já foi dito, é a realidade de apenas uma parte da magia que é salva com o magnetismo animal e as curas simpáticas: ela compreendia muito mais ainda, donde uma grande parte permanece por enquanto ainda submetida, como esteve até o momento, ao antigo juízo de condenação; uma outra, porém, devendo, graças a sua analogia com o magnetismo animal, ser pensada ao menos como possível. Pois o magnetismo animal e as curas simpáticas realizam somente ações benéficas, com fins de cura, semelhantes àquelas que aparecem na história da magia como obra dos *saludadores*, como são conhecidos na Espanha (Delrio, *Disquisitionum magicarium* [Tratado de magia], livro 3, parte 2, quest. 4, esc. 7; e Bodin, *De magorum daemonomania* [Da demonolatria mágica], livro. 3, 2), os quais, porém, sofreram o mesmo juízo de condenação de parte da Igreja; a magia, contudo, foi utilizada muito mais frequentemente com intenções nocivas. Segundo essa analogia, é, no entanto, mais do que provável que a força inerente capaz de, agindo de imediato sobre o indivíduo estranho, exercer uma influência benéfica será ao menos igualmente poderosa para agir de maneira prejudicial e destrutiva sobre ele. Se, portanto, alguma parte da antiga magia além daquela que se deixa reconduzir ao magnetismo animal e às curas simpáticas tinha realidade, então era certamente aquela que é designada como *maleficium* [feitiçaria] e *fascinatio* [encantamento] e que justamente levou à maior parte dos processos contra bruxaria. No livro supracitado de *Most* encontram-se também alguns fatos que podem ser decididamente atribuídos ao *malefício* (a saber, p. 40, 41 e os números 89, 91 e 97); também no *Archiv* de Kieser, na história da doença relatada por Bende Bendsen que atravessa os vols. 9 a 12, aparecem casos de doenças comunicadas, especialmente a cães, das quais estes vieram a morrer. Que a *fascinatio* já era conhecida por Demócrito, o qual tentava explicá-la como um fato, podemos ver nas *Symposiacae quaestiones* [Questões do simpósio, de Plutarco], questão 5, 7, 6. Assumindo-se esses relatos como verdadeiros, obtém-se a chave para o crime da bruxaria, cuja ávida perseguição não seria portanto totalmente infundada. Mesmo que tenha na grande maioria dos casos se devido a enganos e abusos, não podemos, ainda assim, tomar nossos antepassados por tão cegos que tenham perseguido durante tantos séculos, com uma diligência tão horripilante, um crime que não teria sido absolutamente possível. Desse ponto de vista também se torna compreensível por que até nos dias de hoje, e em todas as nações, o povo atribui obstinadamente certos casos de adoecimento a um *malefício*, sem que se possa convencê-lo do contrário. – Se somos, portanto, inclinados pelos avanços do tempo a ver uma parte dessa arte infame como não tão vã quanto presumira o século passado, a cautela, no entanto, é mais necessária aqui do que em qualquer outra parte, para pescar, a partir de um emaranhado de mentiras, fraudes e disparates, como o que encontramos nos escritos de Agrippa von Nettesheim, Weyer, Bodin, Delrio, Bindsfeldt etc., as verdades isoladas por eles espalhadas. Pois mentira e fraude, frequentes em todo o mundo, não têm em parte alguma um campo de ação tão livre quanto ali, onde as leis da natureza nos deixam, sendo consideradas suspensas. Por isso vemos erguer-se, sobre a estreita base do pouco que pode ter sido verdadeiro na magia, um enorme edifício dos mais aventurosos contos de fadas, das mais selvagens aberrações, graças ao qual as atrocidades mais sangrentas foram exercidas durante séculos; diante do que se fortalece a reflexão psicológica acerca da receptividade do intelecto humano para o disparate mais inacreditável, mesmo ilimitado, e da prontidão do coração humano para confirmá-lo por meio de atrocidades.

O que modificou, nos dias de hoje, o juízo dos eruditos alemães acerca da magia não é, porém, simplesmente o magnetismo animal; essa modificação foi no fundo preparada pela revolução feita por Kant na filosofia, a qual institui, tanto aqui como em outras partes, uma distinção fundamental entre a formação alemã e a de outros povos europeus. – Para sorrir precipitadamente perante toda simpatia misteriosa ou mesmo perante qualquer efeito mágico, é preciso que se considere o mundo bastante, ou mesmo absolutamente, compreensível. Isso, porém, só é possível se o observarmos com um olhar deveras superficial, que não permite nenhuma suspeita de que estejamos afundados em um mar de enigmas e incompreensibilidades, e que fundamentalmente não conhecemos de imediato nem as coisas, nem a nós mesmos. É justamente a atitude oposta a essa que faz com que quase todos os grandes homens, independentemente de tempo e nação, tenham revelado um certo traço de superstição. Se nosso modo de conhecer natural fosse tal que nos fornecesse imediatamente as coisas em si, e por consequência também os nexos e as relações absolutamente verdadeiros das coisas entre si, então estaríamos de fato a priori justificados a condenar incondicionalmente toda antecipação do futuro, todas as aparições de pessoas ausentes ou moribundas ou mesmo mortas e todos os efeitos mágicos. Se, porém, como ensina Kant, aquilo que conhecemos não passa de aparência, cujas formas e leis não se estendem às coisas em si mesmas, então uma tal condenação é evidentemente precipitada, uma vez que se apoia sobre leis cuja aprioridade as limita justamente a aparições, deixando, porém, as coisas em si, às quais também o nosso eu interior deve pertencer, por elas intocadas. Logo estas, porém, podem ter relações conosco a partir das quais ocorressem os acontecimentos citados, de modo que a decisão acerca deles deve ser aguardada a posteriori, e não a eles antecipada. Que ingleses e franceses se mantenham insistentemente na condenação a priori de tais acontecimentos deve-se no fundo ao fato de estarem ainda essencialmente submetidos à filosofia lockeana, segundo a qual reconhecemos as coisas em si apenas ao deduzi-las da percepção sensível: de acordo com ela, as leis do mundo material são tomadas como incondicionais, e não se deixa valer nenhum outro além do *influxus physicus* [influência física]. Eles acreditam, portanto, em uma física, mas em nenhuma metafísica, e não admitem, por isso, nenhuma outra além da assim chamada "magia natural", expressão que contém a mesma *contradictio in adiecto* [contradição dos termos] que "física sobrenatural", que, entretanto, é utilizada incontáveis vezes com seriedade, e recentemente apenas *uma vez* como gracejo, por Lichtenberg. O povo, por outro lado, sempre pronto a crer em influências sobrenaturais em geral, expressa assim à sua maneira a convicção, mesmo que apenas sentida, de que aquilo que percebemos e apreendemos seriam meras aparições, e não coisas em si. Que com isso não incorremos em exagero pode ser confirmado por uma passagem retirada da *Fundamentação da metafísica dos costumes* de Kant:

> Trata-se de uma observação cujo estabelecimento não exigirá uma reflexão sutil, mas da qual se pode assumir que até o entendimento mais medíocre seja capaz de fazê-la, embora à sua maneira, isto é, por meio de um obscuro discernir de parte da faculdade do juízo, chamado por ele de sentimento: que todas as representações que nos vêm sem arbitrariedade (como as dos sentidos) não nos dão a conhecer os objetos senão como nos afetam, com o que aquilo que eles venham a ser em si permanece desconhecido para nós; que, portanto, no que diz respeito a esse tipo de representações, nós, mesmo com o maior esforço de atenção e nitidez que o entendimento for capaz de fornecer, jamais podemos chegar às *coisas em si mesmas*, mas tão somente a *aparições*. Tão logo essa distinção estiver feita, segue-se por conta própria que se deve admitir e assumir, por detrás das aparições, ainda algo mais, que não é aparição, a saber, as coisas em si.
> (Terceira edição, p. 105)

Quando lemos a história da magia de Dietrich Tiedemann, sob o título *Disputatio de quaestione, quae fuerit artium magicarum origo* [Debate das questões acerca da origem das artes mágicas], Marburg, 1787, um escrito premiado pela sociedade de Göttingen, admiramo-nos com a persistência com que, sem atentar a tantos malogros, a humanidade perseguiu em toda parte e a todo tempo o pensamento da magia, e concluiremos que este deve ter um fundamento profundo, ao menos na natureza do ser humano, se não na das coisas em geral, e que não poderá ter sido um capricho arbitrariamente concebido. Embora a *definição da magia* resulte distinta nos diferentes autores, o pensamento fundamental permanece sempre inconfundível. Pois em todos os tempos e em todas as terras nutriu-se a opinião de que deveria haver, para além da maneira regular de realizar modificações no mundo por meio do nexo causal dos corpos, uma outra, de tipo completamente distinto, a qual não repousaria em absoluto sobre o nexo causal; de que portanto também os seus meios pareceriam evidentemente absurdos se fossem apreendidos no sentido daquele primeiro tipo, uma vez que a inadequação da causa empregada para o efeito intendido é aqui patente e o nexo causal entre ambos é impossível. Ocorre, porém, que o pressuposto aqui estabelecido era que deveria haver, além da conexão externa entre as aparições, fundamentada pelo *nexum physicum* [nexo físico], ainda uma outra, que atravessaria a essência em si de todas as coisas como uma espécie de conexão subterrânea, graças à qual seria possível, partindo de *um* ponto da aparição, agir imediatamente sobre todos os outros por meio de um *nexum metaphysicum* [nexo metafísico]; que, portanto, deveria ser possível agir sobre as coisas a partir de dentro, ao invés do agir comum a partir de fora, um agir da aparição sobre a aparição graças à essência em si, a qual é uma e a mesma em todas as aparições; que, assim como agimos causalmente como *natura naturata* [natureza naturada], nós poderíamos também ser capazes de uma ação como *natura naturans*[37] [natureza naturante], fazendo valer momentaneamente o microcosmo como macrocosmo; que as divisórias que separam os indivíduos, por mais firmes que sejam, poderiam permitir ocasionalmente uma comunicação como que por detrás dos bastidores, ou como um jogo secreto sob a mesa; e que, assim como ocorre na clarividência sonâmbula uma suspensão do

---

37. Termos de Spinoza. Veja-se *Ética*, 1, prop. 29, schol. (N.T.)

isolamento individual da *cognição*, também poderia haver uma suspensão do isolamento individual da *vontade*. Tal pensamento não pode ter origem empírica, e nem pode ter sido a confirmação por meio da experiência que o conservou ao longo de todos os tempos e em todas as terras: pois na grande maioria dos casos a experiência deveria resultar diametralmente oposta a ele. Eu sou, portanto, da opinião de que a origem desse pensamento tão universal, tão inabalável, apesar da oposição de tanta experiência e do entendimento humano comum, deve ser buscada em um local muito profundo, a saber, no sentimento interno da onipotência da vontade em si, dessa vontade que é ao mesmo tempo a essência íntima do ser humano e da natureza como um todo, e na pressuposição a ele ligada de que essa onipotência poderia também alguma vez, por algum meio, ser levada a valer como partindo do indivíduo. Não se foi capaz de investigar e distinguir aquilo que poderia ser possível a essa vontade como coisa em si e aquilo que lhe seria possível em sua aparição singular; ao contrário, presumiu-se sem mais que ela seria capaz de, sob certas condições, romper as amarras da individuação: pois aquele sentimento opunha-se insistentemente ao conhecimento extraído da experiência, segundo o qual

> O deus que mora em meu peito
> Pode excitar meu imo a fundo,
> Que rege todas as minhas forças,
> Não move nada deste mundo.[38]
>   [Goethe, *Fausto* 1, versos 1566-1569]

Descobrimos, a partir do pensamento fundamental apresentado, que em todas as tentativas de magia o meio

---

38. [*Der Gott, der mir im Busen wohnt, / Kann tief mein Innerstes erregen, / Der über allen meinen Kräften thront, / Er kann nach außen nichts bewegen.*] (N.A.)

físico empregado era tomado sempre apenas como veículo de um meio metafísico, uma vez que, no mais, não poderia evidentemente ter nenhuma relação com o efeito intendido: entre estes estavam palavras estranhas, ações simbólicas, imagens desenhadas, figuras de cera etc. E vemos, em concordância com aquele sentimento originário, que aquilo carregado por um tal veículo era sempre em última instância um ato da *vontade* a ele ligado. A ocasião bastante natural para tal foi que se notava, nos movimentos do próprio corpo, a todo instante uma influência completamente inexplicável, isto é, evidentemente metafísica da vontade: não seria possível, pensava-se, estender essa influência também a outros corpos? Encontrar o caminho para tal, isto é, para suspender o isolamento em que a vontade se encontra em cada indivíduo, para uma amplificação da esfera imediata da vontade para além do corpo do querente – era essa a tarefa da magia.

No entanto, faltava muito para que esse pensamento fundamental, do qual a magia parece ter efetivamente surgido, passasse diretamente a uma consciência nítida e fosse reconhecido *in abstracto*, com o que a magia teria se compreendido a si própria. Como demonstrarei em seguida por meio de citações, encontramos apenas em alguns poucos escritores pensantes e eruditos de séculos passados o pensamento nítido de que a força mágica estaria na própria *vontade* e os aventurosos símbolos e atos, juntamente com as palavras sem sentido que os acompanham, os quais valiam como meios de evocação e amarração de demônios, seriam meros veículos e meios de fixação da *vontade*, por meio dos quais o ato da vontade, que deve agir magicamente, cessa de ser um simples desejo e se torna ato, obtém um *corpus* (como diz Paracelso), também fornecendo em certa medida à vontade individual uma explicação explícita para o fato de ela agora se fazer valer como universal, como vontade

em si. Pois, em todo ato mágico, cura simpática ou o que quer que seja, a ação exterior (o meio de amarração) é equivalente àquilo que o ato de alisar é na magnetização, isto é, na verdade não o essencial, mas o veículo, aquilo por meio de que a vontade, que é o único agente verdadeiro, obtém sua orientação e fixação no mundo corpóreo, passando à realidade: por isso é via de regra indispensável.
– Nos demais escritores desses tempos corresponde a esse pensamento fundamental da magia somente o objetivo de exercer arbitrariamente um domínio sobre a natureza. Eles, porém, foram incapazes de se elevar ao pensamento de que esse domínio haveria de ser imediato; pelo contrário, pensavam-no como necessariamente *mediado*. Pois as religiões locais tinham em toda parte submetido a natureza ao domínio de deuses e demônios. O desejo do mágico era o de orientar estes de acordo com sua vontade, movimentá-los a seu serviço, mesmo coagi-los, e a eles atribuía aquilo que queria lograr; assim como Mesmer atribuiu em princípio o sucesso de sua magnetização aos ímãs que segurava em mãos, em vez de à sua vontade, que era o verdadeiro agente. Assim foi tomada a coisa entre todos os povos politeístas, e assim compreendem também Plotino[39] e especialmente Jâmblico a magia, isto é, como *teurgia*[40], expressão que foi utilizada primeiramente por Porfírio. O politeísmo, essa aristocracia divina, favorecia essa interpretação, uma vez que distribuía o domínio sobre as distintas forças da natureza entre um mesmo número de deuses e demônios, que, ao menos em sua maioria, eram apenas forças da natureza personificadas e que o

---

39. Plotino indica aqui e ali uma percepção correta, por exemplo, *Enneades* [Enéadas] 2, livro 3, cap. 7 – *Enneades* 4, livro 3, cap. 12 – livro 4, caps. 40, 43 – e livro 9, cap. 3. (N.A.)

40. O termo *teurgia*, cunhado a partir do grego θεουργία (literalmente "obra divina"), designa aquela espécie de atividade ritual e mágica que promoveria o contato com seres sobrenaturais. (N.T.)

mágico ganhava para si ou submetia a seu serviço logo este, logo aquele outro. Somente na monarquia divina, onde a natureza inteira obedece a um único ente, teria sido um pensamento ousado demais selar um pacto privado com este, ou também querer exercer um domínio sobre ele. Por isso se interpunha a essa interpretação, ali, onde reinavam o judaísmo, o cristianismo ou o islã, a onipotência do deus único, com a qual o mágico não se atrevia a lidar. Não lhe restou, portanto, nenhuma alternativa a não ser buscar refúgio com o diabo, selando agora um pacto com esse rebelde ou mesmo descendente direto de Arimã[41], ao qual ainda cabia, no entanto, algum poder sobre a natureza, assegurando-se assim de sua assistência: era essa a "magia negra". Seu oposto, a magia branca, o era devido ao fato de o feiticeiro não fazer amizade com o diabo, mas buscar, ao contrário, a permissão ou mesmo a cooperação do próprio deus único para a convocação dos anjos; mais frequentemente, porém, invocava os diabos por meio da menção de seus nomes e títulos hebraicos mais raros, como Adonai etc., e forçava-os à obediência, sem de seu lado prometer nada a eles: subjugação infernal.[42] – Todas essas meras interpretações e investiduras da coisa foram, entretanto, tomadas inteiramente como sua essência e como acontecimentos objetivos, de modo que todos os escritores que não conhecem a magia a partir da própria prática, mas apenas de segunda mão, como Bodin, Delrio, Bindsfeldt etc., determinam sua essência como sendo uma ação não por meio de forças naturais, nem por um caminho natural, mas pela ajuda do diabo. Isso foi e permanece sendo em toda parte a opinião geral

---

41. Na tradição do zoroastrismo, Arimã é a divindade da destruição. (N.T.)

42. Delrio: *Disquisitionum magicarum* [Tratado de magia], livro 2, questão 2. – Agrippa von Nettesheim: *De [incertitudine et] vanitate scientiarum* [Da incerteza e da vaidade das ciências], cap. 45. (N.A.)

vigente, regionalmente modificada segundo a religião local: ela foi também o fundamento da lei contra a feitiçaria e dos processos contra a bruxaria; igualmente, era a essa opinião que se opunham as contestações à possibilidade da magia. Tal apreensão e interpretação *objetiva* desse assunto precisava, no entanto, ocorrer necessariamente, já devido ao realismo decidido que reinava, assim como na Antiguidade, também na Idade Média europeia, tendo sido abalado somente por Cartesius [Descartes]. Até então o ser humano ainda não aprendera a voltar a especulação para as misteriosas profundezas de seu próprio interior; ao contrário, buscava tudo fora de si. E mesmo fazer da vontade, que ele encontrava em si mesmo, a senhora da natureza era um pensamento tão audacioso que se teria estremecido perante ele: fê-la, portanto, senhora dos entes fictícios, aos quais a superstição dominante conferira o poder sobre a natureza, para torná-la ao menos mediatamente senhora da natureza. Além do mais, demônios e deuses de todo tipo são sempre hipóstases por meio das quais os crentes de toda cor e seita tornam compreensível o *metafísico*, aquilo que se encontra *por detrás* da natureza, que lhe confere a sua existência e continuidade, e que, por conseguinte, a domina. Se, portanto, é dito que a magia age por ajuda de demônios, o sentido subjacente a esse pensamento é porém sempre que ela é uma ação não por vias físicas, mas *metafísicas*, não natural, mas sobrenatural. Ao reconhecermos agora, porém, no pouco de factual que testemunha em favor da realidade da magia – a saber, magnetismo animal e curas simpáticas – nada além de uma ação imediata da vontade, a qual manifesta aqui a sua força imediata fora do indivíduo querente, como de resto apenas internamente; e ao vermos, conforme logo demonstrarei e confirmarei com citações inequívocas, que aqueles adeptos mais profundos da velha magia derivam todos os efeitos desta exclusivamente da *vontade* do feiticeiro – perceberemos que se trata, com efeito, de uma forte confirmação empírica de minha doutrina, segundo a qual o metafísico em geral, a única coisa dada fora da representação, a coisa em si do mundo, nada mais é que aquilo que reconhecemos em nós como *vontade*.

Se agora esses mágicos pensavam o domínio imediato que a vontade por vezes pode exercer sobre a natureza como meramente mediado, adquirido por meio da assistência de demônios, então isso não poderia ser um empecilho para sua eficácia, onde e quando quer que um tal domínio tenha ocorrido. Pois, justamente porque em coisas desse gênero a vontade está ativa em si, em sua originariedade, e portanto separada da representação, falsos conceitos do intelecto não podem frustrar sua eficácia; pelo contrário, teoria e práxis encontram-se aqui largamente distanciadas uma da outra: a falsidade daquela não se põe no caminho desta, e a teoria correta não capacita para a práxis. Mesmer atribuiu a princípio sua eficácia às barras magnéticas que ele segurava em mãos e explicou mais tarde as maravilhas do magnetismo animal de acordo com uma teoria materialista de um fluido rarefeito que em tudo penetraria, sem que com isso deixasse de agir com uma força impressionante. Eu conheci um latifundiário cujos camponeses de há muito estavam acostumados a que seus acessos de febre fossem afastados por meio da conversa com o seu senhor; embora este fosse completamente convencido da impossibilidade de todas as coisas desse tipo, fazia, por benevolência, de acordo com os modos costumeiros, a vontade dos camponeses, e com sucesso frequente, o que ele então atribuía à firme convicção destes, sem contar que tal convicção também deveria tornar eficazes os tratamentos médicos, em sua maioria totalmente inúteis.

Se, portanto, a teurgia e a demonomagia, conforme descrito, eram mera interpretação e investidura da coisa, mero invólucro, no qual, entretanto, a maioria permanecia envolvida, ainda assim não faltaram pessoas que, mirando o interior, reconheciam muito bem que aquilo que agia em certas influências mágicas nada mais era além da *vontade*. Não devemos, porém, buscar esses que veem mais fundo entre aqueles que eram estranhos, ou mesmo hostis à magia – e justamente destes parte a maioria dos livros acerca da mesma: são pessoas que conhecem a magia apenas a partir dos tribunais e das audições de testemunhas, e que portanto descrevem apenas seu lado externo, silenciando cautelosamente acerca de seus verdadeiros procedimentos, onde quer que estes tenham vindo a lhes ser conhecidos por meio de confissões, para não disseminar o vício terrível da feitiçaria; são desse tipo Bodin, Delrio, Bindsfeldt, entre outros. Pelo contrário, é entre os filósofos e pesquisadores da natureza dos tempos em que reinava a superstição que devemos buscar conclusões acerca da verdadeira essência da coisa. De seus depoimentos aparece, porém, do modo mais nítido, que na magia, exatamente como no magnetismo animal, o verdadeiro agente é nada além da *vontade*. Para comprová-lo, devo aduzir uma citação. Já diz *Roger Bacon*, no século XIII: "*Si aliqua anima maligna cogitat fortiter de infectione alterius atque ardenter desideret et certitudinaliter intendat atque vehementer consideret se posse nocere, non est dubium, quin natura oboediat cogitationibus animae*". [Se uma alma maligna pensa com firmeza em fazer mal a um outro, quando ela o deseja ardentemente, dedica sua intenção determinadamente a fazê-lo e está veementemente convencida de que pode feri-lo, então não há dúvida de que a natureza irá obedecer às intenções de sua vontade.] (*Opus maius* [Obra magna], Londres, 1733, p. 252). Especialmente, porém, é *Teofrasto Paracelso* o autor de longe mais elucidativo quanto à essência íntima da magia, o qual não demonstra escrúpulos, nem mesmo para descrever precisamente os seus procedimentos, a saber (segundo a edição estrasburguense de seus escritos em dois volumes, 1603) no vol. 1, p. 91, 353ss. e 789; e no vol. 2, p. 362, 496. – Ele diz, no vol. 1, p. 19:

> Note-se o seguinte acerca das figuras de cera: uma vez que trago em minha vontade hostilidade contra um outro, então essa hostilidade deve ser realizada por um meio, isto é, um *corpus*. É, portanto, possível que meu espírito, sem a ajuda de meu corpo, possa cortar ou ferir um outro com minha espada por meio de meu *desejar fervoroso*. É, portanto, também possível que, por meio de minha *vontade*, eu presentifique o espírito de meu adversário na figura, para então vergá-lo e lesá-lo a meu bel-prazer. – Deveis saber que o efeito da *vontade* é um ponto importante na medicina. Pois é possível, se alguém não pensa nada de bom acerca de si e odeia a si próprio, que aquilo com o que ele maldisse a si próprio lhe ocorra. Pois a maldição vem de um decreto do espírito. É possível, portanto, que as figuras sejam amaldiçoadas com doenças etc. [...] Tal efeito ocorre também com os animais, e neles é muito mais fácil de obter do que no ser humano: pois o espírito humano defende-se mais do que o animal.

P. 375:

Segue, pois, disso que uma figura enfeitiça o outro: não por força dos caracteres ou algo do tipo, ou por meio da cera; mas, pelo contrário, a imaginação supera a sua própria constelação, tornando-se um meio para a realização de sua vontade suprema, isto é, de sua pessoa.

P. 334:

Todo imaginar do homem parte do coração: o coração é o sol do microcosmo. E todo o imaginar do homem a partir do pequeno sol microcósmico penetra o sol do mundo grande, o coração macrocósmico, de modo que a *imaginatio mikrokosmi* é uma semente que se torna material etc.

P. 364: "É suficientemente conhecido por vós aquilo que faz a imaginação rigorosa, que é um início para todas as obras mágicas."

P. 789:

Portanto, também meu pensamento visa um fim. Apenas não posso voltar meu olho para ele ou estender até ele minhas mãos; mas a minha imaginação o guia para onde eu desejar. Também do andar, portanto, compreenda-se: eu desejo, proponho-me, e meu corpo movimenta-se; e, quanto mais firme eu pensar, mais firmemente caminharei. Ou seja, a *imaginatio* é a única motriz de meu andar.

P. 837: "Uma *imaginatio* que venha a ser utilizada contra mim pode ser utilizada com tanta firmeza que eu posso vir a ser morto por meio da *imaginatio* de um outro."

Vol. 2, p. 274:

A imaginação parte do apetite e da avidez: o apetite gera inveja, ódio, pois estes não ocorrem se não tivermos apetite para tal. De modo que assim que tiveres apetite, segue a obra da imaginação. Esse apetite deve ser tão veloz, ávido, destro quanto o de uma mulher grávida etc. – Uma maldição vil torna-se via de regra real: por quê? Ela parte do coração: e no partir do coração encontra-se a semente germinal. Também maldições contra o pai ou a mãe partem igualmente do coração. A maldição das pessoas pobres é também *imaginatio* etc. A maldição do prisioneiro, também mera *imaginatio*, parte do coração. [...] Portanto também se alguém quer ferir, lesar etc. outrem por meio de sua *imaginatio*, ele deve primeiramente atrair em si a coisa e o instrumento, para então imprimi-lo: pois aquilo que adentra pode também sair por meio de pensamentos, como se ocorresse por meio de mãos. [...] As mulheres superam os homens nesse imaginar: [...] pois elas são mais veementes na vingança.

P. 298:

A *magica* é uma grande sabedoria oculta, assim como a razão é uma grande estupidez pública. [...] Não há armadura que proteja contra o feitiço, pois ele fere o interior da pessoa, o espírito da vida. [...] Alguns feiticeiros fazem uma imagem na forma da pessoa que quiserem e metem-lhe um prego na sola do pé: a pessoa é atingida invisivelmente e fica aleijada até que o prego seja removido.

P. 307:

Devemos saber que nós, unicamente por meio da crença e de nossa imaginação poderosa, podemos trazer o espírito de qualquer pessoa para dentro de uma figura. [...] Não se requer nenhuma conjuração, e as cerimônias, o traçar de círculos, fazer fumaça, *sigilla* [selos] etc., tudo isso é farsa e tentação. – *Homunculi* e figuras são feitas etc. [...], neles realizam-se todas as operações, forças e vontades do homem. [...] A mente humana é uma coisa tão grande que não é possível a ninguém descrevê-la: assim como o próprio Deus é eterno e imperecível, também o é a mente humana. Se nós, humanos, conhecêssemos nossa mente corretamente, nada no mundo nos seria impossível. [...] A imaginação perfeita que parte dos astros tem origem na mente.

P. 513:

A *imaginatio* é confirmada e aperfeiçoada por meio da crença em que realmente ocorra, pois toda dúvida desfaz a obra. A crença deve confirmar a imaginação, pois a crença tonifica a vontade. [...] Que, porém, o ser humano não imagine, não *creia* perfeitamente a todo tempo, isso faz com que essas artes devam ser chamadas imprecisas, embora possam vir a ser perfeitamente precisas.

– Uma passagem de Campanella, no livro *De sensu rerum et magia* [Do sentido das coisas e da magia], pode servir para explicar essa última frase: *"Efficiunt alii, ne homo possit futuere, si tantum credat: non enim potest facere, quod non credit posse facere"*. [Influência alheia pode fazer com que uma pessoa seja incapaz de realizar o ato de procriação apenas fazendo-a crer (ser incapaz de realizá-lo), pois ela não pode executar aquilo que não crê poder executar.] (livro 4, cap. 18).

No mesmo sentido fala Agrippa von Nettesheim, *De occulta philosophia* [Da filosofia oculta], livro 1, cap. 65: *"Non minus subicitur corpus alieno animo quam alieno corpori"*. [O corpo não está menos submetido à influência de um espírito alheio do que à de um corpo alheio.] E, no cap. 67:

> *Quidquid dictat animus fortissime odientis, habet efficaciam nocendi et destruendi; similiter et in ceteris, quae affectat animus forti desiderio. Omnia enim, quae tunc agit et dictat ex characteribus, figuris, verbis, sermonibus, gestibus et eiusmodi, omnia sunt adiuvantia appetitum animae et acquirunt mirabiles quasdam virtutes, tum ab anima operantis in illa hora, quando ipsam appetitus eiusmodi maxime invadit, tum ab opportunitate et influxu caelesti animum tunc taliter movente.*
>
> [Tudo aquilo que ditar o espírito de alguém que sente um ódio fortíssimo tem efeito nocivo e destrutivo; e ocorre algo similar com tudo o mais que o espírito deseja intensamente. Pois tudo aquilo que ele então faz e ordena por meio de caracteres, figuras, palavras, conversações, gestos e coisas semelhantes, tudo isso sustenta o apetite da alma e adquire certas forças prodigiosas, seja de parte

daquele que se esforça no momento em que um tal apetite preenche sua alma de maneira excepcional, seja de parte de uma ocasião e um influxo celestes, que trazem então o espírito a uma tal agitação.]

Cap. 68:

Inest hominum animis virtus quaedam immutandi et ligandi res et homines ad id, quod desiderat, et omnes res oboediunt illi, quando fertur in magnum excessum alicuius passionis vel virtutis in tantum, ut superet eos, quos ligat. Radix eiusmodi ligationis ipsa est affectio animae vehemens et exterminata.
[No espírito humano encontra-se uma certa força para determinar coisas e pessoas e coagi-las àquilo que ele deseja, e todas as coisas obedecem-no quando ele entra em uma agitação grande de alguma paixão ou energia, em tal grau que supere o da pessoa afetada. A causa de tal coação é a agitação veemente e desmedida da própria alma.]

Algo semelhante é dito por Giulio Cesare Vanini, *De admirandis naturae arcanis* [Dos admiráveis segredos da natureza], livro 4, diálogo 5, p. 434: "*Vehementem imaginationem, cui spiritus et sanguis oboediunt, rem mente conceptam realiter efficere non solum intra, sed et extra*".[F37] [Que uma imaginação veemente, à qual obedecem espírito e sangue, é capaz de tornar real uma coisa tomada na representação, não apenas interna, como também externamente.]

Também *Johann Baptist van Helmont*, o qual está bastante empenhado em descreditar, na medida do possível, a influência do diabo na magia, para atribuí-la à vontade, fala assim. Indico algumas passagens da grande coleção de suas obras, *Ortus medicinae* [Princípios da medicina], com a adução dos escritos particulares:

Recepta iniecta, §12:

Cum hostis naturae (diabolus) ipsam applicationem complere ex se nequeat, suscitat ideam fortis desiderii et odii in saga, ut mutuatis istis mentalibus et liberis mediis transferat suum velle per quod, quodque afficere intendit.[F38] *Quorsum imprimis etiam exsecrationes cum idea desiderii et terroris odiosissimis suis scrofis praescribit.*
[Uma vez que o inimigo da natureza (o diabo) não é capaz de, por conta própria, completar a aplicação, ele desperta a representação de um forte anseio e ódio na feiticeira para, por meio do empréstimo desses meios espirituais e arbitrários, transferir sua vontade, com a qual pretende influenciar tudo. Para tal finalidade, ele imprime, também, com a representação do desejo e do terror, essas execrações em suas porcas repugnantes.]

– § 13: "*Quippe desiderium istud, ut est passio imaginantis, ita quoque creat ideam non quidem inanem, sed executivam atque incantamenti motivam.*" [Pois esse desejo, sendo uma paixão na imaginação, gera também uma representação, a qual não é meramente vazia, mas age e ocasiona o feitiço.] – § 19: "*Prout iam demonstravi, quod vis incantamenti potissima pendeat ab idea naturali sagae.*" [Como já demonstrei que a força principal no encantamento depende da representação natural da feiticeira.]

De iniectis materialibus, § 15:

Saga per ens naturale imaginative format ideam liberam, naturalem et nocuam. [...] *Sagae operantur virtute naturali* [...] *Homo etiam dimittit medium aliud executivum, emanativum et mandativum ad incantandum hominem; quod medium est idea fortis desiderii. Est nempe desiderio inseparabile ferri circa optata.*

[A feiticeira, graças a sua essência natural, forma na imaginação uma representação arbitrária, natural e nociva. [...] As feiticeiras agem por meio de sua força natural [...] O ser humano libera também de si um meio externo,

agente, emanativo e imperativo, que possui o efeito de
encantar uma pessoa; esse meio é a representação de um
desejo intenso. Pois é inseparável do desejo mover-se em
direção ao desejado.]

De sympatheticis mediis, § 2: *"Ideae scilicet desiderii per modum influentiarum caelestium iaciuntur in proprium obiectum, utcunque localiter remotum. Diriguntur nempe a desiderio obiectum sibi specificante."* [Pois as representações do desejo são introduzidas no próprio objeto por meio de influências celestes, por mais distante que este esteja. Pois elas são guiadas pelo desejo que visa um objeto específico.]

De magnetica vulnerum curatione, § 76:

Igitur in sanguine est quaedam potestas exstatica, quae, si quando ardenti desiderio excitata fuerit, etiam ad absens aliquod obiectum exterioris hominis spiritu deducenda sit: ea autem potestas in exteriori homine latet velut in potentia nec ducitur ad actum, nisi excitetur accensa imaginatione ferventi desiderio vel arte aliqua pari.
[Encontra-se, pois, no sangue, um certo poder extático que, uma vez excitado por um desejo ardente, é também transposto por meio do espírito do homem exterior para um objeto ausente: esse poder encontra-se latente no homem exterior, está dado em potencial e não se atualiza a não ser quando excitado com a inflamação da imaginação por meio de um desejo ardente ou de outro meio semelhante.]

– § 98:

Anima prorsus spiritus nequaquam posset spiritum vitalem (corporeum equidem) multo minus carnem et ossa movere aut concitare, nisi vis illi quaepiam naturalis magica tamen et spiritualis ex anima in spiritum et corpus descenderet. Cedo, quo pacto oboediret spiritus corporeus iussui animae, nisi iussus spiritum et deinceps corpus movendo foret? At extemplo contra hanc magicam motricem obicies istam esse intra concretum sibi suumque hospitium naturale, idcirco hanc, etsi magicam vocitemus, tantum erit nominis detorsio et abusus, siquidem vera et superstitiosa magica non ex anima basin desumit; cum eadem haec nil quidquam valeat, extra corpus suum movere altera re aut ciere. Respondeo vim et magicam illam naturalem animae, quae extra se agat virtute imaginis Dei latere iam obscuram in homine velut obdormire (post praevaricationem) excitationisque indigam: quae eadem, utut somnolenta ac velut ebria, alioqui sit in nobis cottidie; sufficit tamen ad obeunda munia in corpore suo: dormit itaque scientia et potestas magica et solo nutu actrix in homine.

[A alma, que é inteiramente espiritual, não estaria absolutamente na posição de movimentar o sopro vital (sendo corpóreo), e muito menos de movimentar ou excitar a carne e os ossos, se não houvesse uma certa força natural sua, embora mágica e espiritual, que descendesse da alma para o espírito e para o corpo. Diz-me apenas: de que modo seria o espírito corpóreo capaz de obedecer ao comando da alma, se tal comando de mover o espírito e consequentemente o corpo não lhe fosse dado? Mas objetarás imediatamente contra a força motriz mágica que ela deveria permanecer dentro dos limites de seu hospedeiro natural, e que, portanto, quando a denominamos mágica, isso é apenas distorção e mal uso do nome, uma vez que a verdadeira e supersticiosa magia não pode obter sua base na alma, já que esta não estaria de modo algum em condições de movimentar, modificar ou excitar algo fora de seu corpo. A isso respondo que essa força mágica natural à alma, cuja ação se volta para fora, já se encontra, graças à imagem de Deus, oculta na obscuridade do homem, dormitando (após o pecado original), e necessita de excitação; que esta, embora sonolenta e ébria, permanece ainda assim sempre presente em nós, bastando, apesar disso, para realizar as funções do próprio corpo;

dormitam, portanto, o saber e o poder mágicos, os quais se tornam ativos no homem apenas por meio de excitação.]

– § 102:

> *Satan itaque vim magicam hanc excitat (secus dormientem et scientia exterioris hominis impeditam) in suis mancipiis et inservit eadem illis ensis vice in manu potentis, id est sagae. Nec aliud prorsus Satan ad homicidium affert praeter excitationem dictae potestatis somnolentae.*
> [É, pois, Satã quem excita essa força mágica (a qual normalmente dormita e é suprimida pela consciência externa do homem) naqueles que a ele se submeteram, e destes, isto é, da feiticeira, ela se encontra à disposição como uma espada em mãos poderosas. E realmente Satã não contribui com mais nada ao homicídio, além da excitação dessa força adormecida.]

– § 106: "*Saga in stabulo absente occidit equum: virtus quaedam naturalis a spiritu sagae et non a Satana derivatur, quae opprimat vel strangulet spiritum vitalem equi.*" [A feiticeira pode matar o cavalo em um estábulo distante; uma certa eficácia natural, capaz de suprimir o sopro vital do cavalo, estrangulando-o, parte do espírito da feiticeira, e não de Satã.] – § 139:

> *Spiritus voco magnetismi patronos non, qui ex caelo demittuntur multoque minus de infernalibus sermo est, sed de iis, qui fiunt in ipso homine sicut ex silice ignis: ex voluntate hominis nempe aliquantillum spiritus vitalis influentis desumitur et id ipsum assumit idealem entitatem, tanquam formam ad complementum. Qua nacta perfectione spiritus mediam sortem inter corpora et non corpora assumit. Mittitur autem eo, quo voluntas ipsum dirigit: idealis igitur entias [...] nullis stringitur locorum, temporum aut dimensionum imperiis, ea nec daemon est*

nec eius ullus effectus, sed spiritualis quaedam es actio illius, nobis plane naturalis et vernacula.

[Como espíritos patronos do magnetismo designo não aqueles que descendem dos céus, e menos ainda trata-se aqui do infernal, mas são aqueles que surgem no ser humano, assim como o fogo surge do sílex: a saber, pela vontade do homem, uma pequena porção é tomada do espírito vital influente, adquirindo uma essencialidade ideal, assim como uma forma, para se completar. Após ter obtido essa completude, o espírito assume uma espécie de condição intermediária entre o corpóreo e o incorpóreo. Ele, porém, se deixa enviar para onde a vontade o guiar; essa essencialidade ideal, portanto [...] não é limitada por nenhuma barreira de lugar, tempo ou distância; ela não é nem um demônio, nem um efeito de alguma criatura desse gênero, mas um efeito espiritual da pessoa em questão, o qual nos pertence de maneira totalmente natural.]

– § 168:

Ingens mysterium propalare hactenus distuli, ostendere videlicet ad manum in homine sitam esse energiam, qua solo nutu et phantasia sua queat agere extra se et imprimere virtutem aliquam influentiam deinceps perseverantem et agentem in obiectum longissime absens.

[Adiei até agora a revelação do mistério monstruoso, a saber, tornar apreensível que no ser humano se encontra uma energia graças à qual este é capaz de, por meio da mera vontade e da fantasia, agir fora de si e expressar uma força, assim como uma influência, que permanece e que pode se estender a um objeto, por mais distante que este esteja.]

Também *Pietro Pomponazzi* (*De incantationibus* [Do encantamento], edição basilense, 1567, p. 44) diz:

Sic contingit tales esse homines, qui habeant eiusmodi vires in potentia, et per vim imaginativam et desiderativam cum actu operantur, talis virtus exit ad actum et afficit sanguinem et spiritum, quae per evaporationem petunt ad extra et producunt tales effectus.
[Assim ocorre que haja homens que possuem tais forças em seu poder; e quando realmente se empenham com a imaginação e o desejo, então uma tal força ativa procede ao ato e influencia sangue e espírito; tais forças anseiam para fora por meio da evaporação e produzem tais efeitos.]

Explicações bastante notáveis desse tipo foram dadas por *Jane Leade*, uma aluna de *Pordage*, teósofa mística e visionária inglesa dos tempos de Cromwell. Ela chega à magia por um caminho totalmente peculiar. Assim como em todos os místicos, também no caso de *Jane Leade* o traço fundamental consiste em ensinar a unificação de seu próprio eu com o deus de sua religião, com a diferença de que para ela, por consequência da unificação da vontade humana com a divina, aquela também passa a tomar parte na onipotência desta, obtendo com isso um poder mágico. Ela atribui, portanto, aquilo que outros feiticeiros creem dever ao laço com o diabo à sua unificação com seu deus: sua magia é por isso branca em um sentido eminente, o que, aliás, não faz diferença no resultado e na prática. Ela é contida e misteriosa, como era necessário em seu tempo: vê-se, porém, que não se trata para ela de um mero corolário teórico, mas de algo surgido de outras formas de conhecimento ou experiência. A passagem principal encontra-se em sua *Offenbarung der Offenbarungen* [Revelação das revelações], tradução alemã de Amsterdã, 1695, da p. 126 à 151, especialmente nas páginas sob a epígrafe "Do poder da vontade serena". Desse livro menciona *Horst*, em sua biblioteca da magia, vol. 1, p. 325, a seguinte passagem, a qual, no entanto, é mais um resumo do que uma citação literal, tomada principalmente da p. 119, parágrafos 87 e 88:

> O poder mágico põe aquele que o possui na condição de dominar e renovar a criação, quer dizer, os reinos vegetal, animal e mineral; de modo que, se *muitos* agissem conjuntamente em *um* poder mágico, a natureza poderia ser transformada em paraíso. [...] Como obtemos esse poder mágico? No renascimento pela crença, ou seja, por meio do acordo entre a nossa *vontade* e a *vontade* divina. Pois a crença submete-nos o mundo, na medida em que o acordo de nossa *vontade* com a divina tem como consequência que tudo, como diz Paulo, seja nosso e deva obedecer-nos.

Até aqui, *Horst*. – Na p. 131 da obra de Jane Leade mencionada, ela explica que Cristo realizou seus milagres pelo poder de sua vontade, uma vez que disse ao leproso:

> "Eu *quero*, sê purificado." Às vezes, porém, ele deixava depender da vontade daqueles que ele notava acreditarem nele, ao dizer-lhes: "O que *quereis* que vos faça?". Ao que era executado, para seu benefício, nada menos do que aquilo que desejavam em sua vontade que o Senhor lhes tivesse feito. Essas palavras de nosso Salvador merecem ser bem observadas por nós, pois *a magia mais elevada encontra-se na vontade*, na medida em que se encontra em união com a vontade do Altíssimo: quando essas duas rodas penetram uma à outra, tornando-se *uma*, passam à união etc.

– Na p. 132, ela diz:

> Pois o que seria capaz de resistir a uma vontade que estivesse unida com a vontade de Deus? Uma vontade assim reunida com a divina possui tal poder que executa sua intenção apesar das circunstâncias. Ela não é uma *vontade nua*, à qual falta a roupagem, a força; pelo contrário, ela

traz consigo uma onipotência inexpugnável, por meio da qual pode extirpar e plantar, matar e avivar, atar e libertar, curar e arruinar, poder este que será totalmente concentrado e unificado na vontade régia, livre de nascença, a cujo conhecimento devemos aceder ao nos fazermos um com o Espírito Santo ou ao unificarmo-nos com ele em um espírito e uma essência.

– Lê-se, na p. 133:

Devemos abafar ou afogar todas as muitas e diversas vontades nascidas da essência misturada das almas e perdê-las nas profundezas abismais, donde se elevará e se distinguirá então a *vontade virginal*, a qual jamais foi serva de qualquer coisa que pertencesse ao ser humano degenerado, mas que, pelo contrário, se encontra totalmente livre e pura, em unificação com a força onipotente, e que trará infalivelmente frutos e consequências a ela semelhantes, [...] abrasando a chama do Espírito Santo com as centelhas que a *magia* expele.

Também *Jakob Böhme*, em sua *Erklärung von sechs Punkten* [Explicação de seis pontos], sob o ponto 5, fala da magia no sentido exato aqui exposto. Ele diz, entre outras coisas:

A magia é a mãe da essência de todos os entes, pois ela se faz a si mesma e é compreendida no *desejo*. – A magia direita não é um ente, mas o *espírito desiderativo* do ente. – *In summa*: a magia é o agir no *espírito volitivo*.

Como comprovação ou, em todo caso, como explanação do ponto de vista exposto da vontade como o verdadeiro agente da magia, pode ter lugar aqui uma peculiar e espirituosa anedota de *Avicenna*, recontada por Campanella em *De sensu rerum et magia*, livro 4, cap. 18:

Mulieres quaedam condixerunt, ut irent animi gratia in viridarium. Una earum non iit. Ceterae colludentes arangium acceperunt et perforabant eum stilis actuis dicentes: 'Ita perforamus mulierem talem, quae nobiscum venire detrectavit', et proiecto arangio intra fontem abierunt. Postmodum mulierem illam dolentem invenerunt, quod se transfigi quasi clavis acutis sentiret ab ea hora, qua arangium ceterae perforarunt: et cruciata est valde, donec arangii clavo extraxerunt imprecantes bona et salutem.
[Algumas mulheres combinaram de ir a um jardim de prazeres para se recompor. Uma delas não foi. As restantes tomaram de brincadeira uma laranja e perfuraram-na com agulhas afiadas, dizendo: "Assim perfuramos a mulher que se negou a vir conosco", ao que arremessaram a laranja em um poço e partiram. Depois encontraram essa mulher tomada de dores, com a sensação de que era perfurada por agulhas afiadas desde aquela hora em que as outras perfuraram a laranja; e então foi torturada até que as outras retiraram as agulhas da laranja, desejando-lhe saúde e tudo de bom.]

Uma descrição muito peculiar e precisa de um feitiço mortal que os sacerdotes dos selvagens exercem, supostamente com sucesso, na ilha Nuka-Hiva[43], cujo procedimento é totalmente análogo às nossas curas simpáticas, é dada por *Krusenstern* em sua *Reise um die Welt* [Viagem ao redor do mundo – 1803 a 1806], edição em doze volumes, 1812, parte 1, p. 249 ss.[F39] – Ela é especialmente digna de atenção, uma vez que aqui a coisa aparece, embora distante de toda tradição europeia, como totalmente idêntica. Compare-se esse relato, por exemplo, com aquilo narrado por *Bende Bendsen* no *Archiv für tierischen Magnetismus* de Kieser, vol. 9, parte 1, na nota das p. 128-132, acerca da dor de cabeça que ele

---

43. A maior das Ilhas Marquesas, no oceano Pacífico, hoje pertencentes à Polinésia Francesa. (N.T.)

mesmo infligira em um outro com um feitiço, por meio de seus cabelos cortados, nota esta que ele termina com as seguintes palavras:

> A assim chamada arte da bruxaria, até onde pude conhecê-la, consiste em nada além da preparação e aplicação de meios magnéticos malfazejos, unidos a uma *atividade má da vontade*: é esse o triste elo com satã.

A concordância de todos esses escritores, tanto entre si como com as convicções às quais o magnetismo animal levou mais recentemente, e por fim também com aquilo que quanto a isso poderia ser extraído de minha doutrina especulativa, é decerto um fenômeno deveras notável. Fica certo, a partir de tudo isso, que se encontra, no fundo de todas as tentativas para a magia jamais empreendidas, quer fossem realizadas com ou sem sucesso, uma antecipação de minha metafísica, uma vez que nelas se manifestava a consciência de que a lei da causalidade é apenas o laço das aparições, que a essência em si das coisas, porém, permanece independente dela e que, se uma ação a partir dessa essência, isto é, uma ação *imediata* de dentro sobre a natureza for possível, ela só poderá ser realizada por meio da própria *vontade*. Quiséramos, porém, estabelecer, segundo a classificação de Bacon, a magia como a metafísica prática; então seria certo que a metafísica teórica a se relacionar corretamente com ela não poderia ser outra que não a minha decomposição do mundo em vontade e representação.

O fanatismo aterrador com que a Igreja perseguiu a magia em todos os tempos, do qual o *Malleus maleficarum*[44] [Martelo das bruxas] papal dá um testemunho ter-

---

44. Manual para o reconhecimento e diagnóstico de bruxas e bruxarias, compilado em 1487 pelos inquisidores dominicanos Heinrich Krämer e Jakob Sprenger. (N.T.)

rível, não parece se dever apenas às intenções criminosas frequentemente a ela ligadas, nem ao suposto papel do diabo; mas, ao contrário, ele parece provir em parte de uma noção e uma preocupação obscuras de que a magia situa a sua força primordial na fonte correta; enquanto a Igreja teria lhe apontado uma posição fora da natureza. (Eles farejam assim algo do "*Nos habitat, non tartara, sed nec sidera caeli: Spiritus, in nobis qui viget, illa facit.*" – Ele não vive nos céus e tampouco nos infernos: ele habita em nós mesmos. O espírito que vive em nós executa-o por conta própria [Agrippa von Nettesheim, *Epistulae* 5, 14]).[45] Essa suspeita encontra uma confirmação no ódio do precavido clero inglês contra o magnetismo animal[46], como também em seu zelo em relação às absolutamente inofensivas sessões espíritas, contra as quais, pela mesma razão, também na França e até mesmo na Alemanha o clero não deixou de arremessar seu anátema.[F40]

---

45. Compare-se *Johann Beaumont: Historisch-physiologisch- und theologischer Traktat von Geistern, Erscheinungen, Hexereien und andern Zauber-Händeln* [Tratado histórico-fisiológico e teológico de espíritos, aparições, bruxarias e outras atividades feiticeiras], Halle im Magdeburgischen, 1721, p. 281. (N.A.)

46. Compare-se *Parerga*, vol. 1, p. 257. (N.A.)

Sinologia

Não há nada que fale mais imediatamente em favor da posição elevada da civilização chinesa do que a força quase inacreditável de sua população, a qual, segundo a indicação de Gützlaff, é estimada agora em 367 milhões de habitantes.[F41] Pois vê-se, ao comparar tempos ou terras, que a civilização avança geralmente no mesmo ritmo que a população.

A avidez impertinente dos missionários jesuíticos dos séculos XVII e XVIII por ensinar suas doutrinas religiosas comparativamente novas a esse povo ancião, aliada ao esforço vão por buscar nele indícios mais antigos das mesmas, impediu-os de chegar à ideia de se deixarem educar profundamente pelas doutrinas ali vigentes. É por isso que a Europa obteve somente em nossos dias algum conhecimento da situação religiosa chinesa. Sabemos, agora, que há lá, primeiramente, um culto nacional à natureza, ao qual todos prestam homenagens, e que tem origens nos tempos mais antigos, supostamente num tempo em que o fogo ainda não havia sido descoberto, razão pela qual os sacrifícios animais eram apresentados crus. A esse culto pertencem aqueles sacrifícios prestados publicamente pelo imperador e pelos grandes dignitários em momentos específicos ou após grandes eventos. Eles são dedicados acima de tudo ao céu azul e à terra – àquele no solstício de inverno e a esta no de verão – e também secundariamente a todas as potências naturais possíveis, como o mar, os montes, os rios, os ventos, o trovão, a chuva, o fogo etc., cada uma das quais é dirigida por um gênio que possui numerosos templos: por outro lado, também cada província, cidade, vilarejo, rua, até mesmo cada túmulo familiar, ocasionalmente até a tumba de um comerciante, são dirigidos por um gênio; os últimos dos quais acolhem apenas cultos privados. O culto público, porém, é dedicado, além disso, aos grandes e antigos imperadores, aos fundadores das dinastias, assim como aos heróis, ou seja, todos aqueles que se tornaram, por meio de doutrinas ou atos, benfeitores da humanidade (chinesa). Também eles têm seus templos: somente Confúcio possui os seus 1.650. Daí portanto os diversos pequenos templos por toda a China. A esse culto dos heróis liga-se o culto privado que toda família respeitável presta aos seus antepassados sobre seus túmulos. – Além desses cultos gerais da natureza e dos heróis, e com intenções mais dogmáticas, há na China três doutrinas religiosas. Primeiramente a da *Tao-she*, fundado por *Lao-tse*, um contemporâneo mais velho de Confúcio. Trata-se da doutrina da razão enquanto ordem cósmica interna ou princípio íntimo de todas as coisas, o grande um, a antiga viga (*Taiki*) que carrega todas as telhas do telhado e ainda assim se encontra acima delas (na verdade, a alma cósmica que a tudo penetra), e do *Tao*, quer dizer, do *caminho*, aquele para a salvação, isto é, para a redenção do mundo e de suas misérias. Uma apresentação dessa doutrina a partir de sua fonte nos foi fornecida por *Stanislas Julien* no ano de 1842 na tradução do *Tao-[te-]king* de *Lao-tse*: vemos, a partir daí, que o sentido e o espírito da doutrina taoista concordam completamente com o budismo. Apesar disso, essa seita parece ter agora saído de cena, e sua doutrina, a *Tao-she*, passado ao menosprezo. – Em segundo lugar, encontramos a sabedoria de Confúcio, à qual se dedicam especialmente os doutos e homens de Estado: a julgar pelas traduções, trata-se de uma filosofia abrangente, baseada em lugar-comum, preponderantemente moral e sem metafísica para apoiá-la, e que tem em si algo de especificamente insípido e tedioso. – Por fim há, para a grande massa da nação, a antiga e amorosa doutrina de Buda, cujo nome, ou melhor, cujo título é pronunciado na China *Fo* ou *Fu*, enquanto o vitoriosamente perfeito é chamado entre os tártaros mais pelo seu nome de família, Sakyamuni, mas também Burkhan-Bakshi entre os birmanenses e, no Ceilão, na maioria das vezes de Gautama, também Tatagata, mas que originalmente, porém, se chama príncipe Siddharta.[47] Essa religião – a qual, tanto

---

47. Em favor daqueles que querem obter um conhecimento mais aproximado do budismo, quero aqui listar, da sua literatura em línguas europeias, aqueles escritos que eu, uma vez que os possuo e estou com eles familiarizado, posso realmente recomendar: alguns outros, por exemplo, os de Hodgson e Abel Rémusant, deixo de fora propositadamente. 1. *Dsanglun, oder der Weise und der Tor* [Dsanglun, ou o sábio e o tolo], edição bilíngue em tibetano e alemão, de Isaak Jakob Schmidt, São Petersburgo, 1843, 2 vols., 4 tomos, contém, no prólogo ao primeiro volume, isto é, nas p. XXXI a XXXVIII do volume tibetano, um esquema bastante curto, porém excelente, de toda a doutrina, muito apropriado para a primeira aproximação a ela: também o livro como um todo, enquanto parte do *Kandschur* ["Kangyur"] (livros canônicos), é recomendável. – 2. Do mesmo excelente autor, podem-se encontrar, nos volumes correspondentes dos anais dessa academia, diversas conferências sobre o budismo realizadas em alemão na academia de São Petersburgo nos anos de 1829 a 1832, e também mais tarde. Uma vez que são sumamente valiosos para o conhecimento dessa religião, seria deveras desejável que eles fossem publicados em uma compilação na Alemanha. – 3. Do mesmo autor: *Forschungen über die Tibeter und Mongolen* [Pesquisas sobre os tibetanos e mongóis], São Petersburgo, 1824. – 4. Do mesmo autor: *Über die Verwandtschaft der gnostisch-theosophischen Lehren mit [den Religionssystemen des Orients und] dem Buddhaismums* [Sobre o parentesco das doutrinas gnóstico-teosóficas com os sistemas religiosos do oriente e o budismo], 1828. – 5. Do mesmo autor: *Geschichte der Ost-Mongolen* [História dos mongóis orientais], São Petersburgo, 1829, tomo 4; esse livro é muito instrutivo, especialmente nas discussões e no adendo, que fornecem grandes excertos de escritos religiosos, nos quais muitas passagens apresentam com nitidez o sentido profundo do budismo (cont.)

devido à sua excelência e verdade internas, como também ao número significativo de seus adeptos, deve ser consi-

---

(cont.) e respiram seu verdadeiro espírito. – 6. Dois artigos de Schiefner, em alemão, nos *Mélanges Asiatiques, tirés du 'Bulletin historico-philologico' de l'Académie de St. Pétersbourg*, tomo 1, 1851. – 7. *Reise and den Hof des Teshoo Lama*" [Viagem ao pátio do Teshu Lama], de Samuel Turner, do inglês, 1801. – 8. Bochinger: *La vie ascétique chez les Indous et les Bouddhistes* [A vida ascética entre os hindus e os budistas], Estrasburgo, 1831. – 9. No sétimo volume do *Journal Asiatique*, 1825, encontra-se uma biografia sumamente bela de Buda por *Deshauterayes*. – 10. Burnouf: *Introduction à l'histoire du Buddhisme* [Introdução à história do budismo], vol. 1, 1844, tomo 4. – 11. Rgya Tcher Rola: [*Histoire de Bouddha Chaky Mouni* [História do Buda Tchaqui Muni]], traduzido do tibetano para o francês por Foucaux, 1848, tomo 4. Trata-se da *Lalita vistara*, quer dizer, a vida de Buda, o evangelho dos budistas. – 12. *Foe Koue Ki, relation des royaumes Bouddhiques* [Fu Ku Ki, relação dos reinos budistas], traduzido do chinês para o russo por Bitchourin, e do russo ao francês por Klaproth, 1831. – 14. Klaproth: "Fragments Bouddhiques" [Fragmentos budistas], do *Noveau Journal Asiatique*, março de 1831, separata. – 15. Spiegel: [*Kammarakya*, livro] *De officiis sacerdotum Buddhicorum* [Dos ofícios sacerdotais budistas], páli e latim, 1841. – 16. Idem, *Anecdota Palica* [Anedotas páli], 1845. – 17. *Dhammapadam*, editado em páli e vertido para o latim por Fausböll, Copenhagen, 1855. – 18. *Asiatic Researches*, vol. 6 (Buchanan: "On the religion of the Burmas" [Sobre a religião dos birmaneses]) e vol. 20, Calcutá, 1839, parte 2, o qual contém três artigos muito importantes de *Csoma Körösi*, com análises dos livros do Kandshur. – 19. Sangermano: *Description of the Burmese Empire* [Descrição do império birmanês], Roma, 1833. – 20. Turnour: *The "Mahavansa"*, Ceilão [Sri Lanka], 1836. – 21. Upham: *The "Mahavansa", "Rajaratnacari" et "Raja-vali"*, vol. 3, 1833. – 22. Idem: *Doctrine of Buddhism* [Doutrina do budismo], 1829, ilustrado. – 23. Spence Hardy: *Eastern monarchism* [Monarquia oriental], 1850. – 24. Idem: *Manual of Buddhism* [Manual do budismo], 1853. – Esses dois excelentes livros, compostos no Ceilão após uma estada de vinte anos e um aprendizado oral dos sacerdotes, deram-me um conhecimento mais íntimo do dogma budista do que qualquer outro. Eles merecem ser traduzidos para o alemão, e na íntegra, pois, se não o forem, arrisca-se deixar o melhor de fora. – 25. "Leben des Buddha" [Vida de Buda], traduzido do chinês por *Palladji*, no *Archiv für wissenschaftliche Kunde von Rußland* [Arquivo russo para o conhecimento científico], publicado por Erman, vol. 15, revista 1, 1856. – 26. Carl Friedrich *Köppen*, *Die Religion des Buddha* [A religião de Buda], 1857, um compêndio completo do budismo, extraído com grande erudição, diligência e também com entendimento e perspicácia de todos os escritos aqui mencionados e também de alguns outros, e que contém tudo de essencial acerca do budismo. (N.A.)

derada a mais nobre do mundo[L6] – domina na maior parte da Ásia e conta, segundo Spence Hardy, o mais recente pesquisador, com 369 milhões de crentes, ou seja, de longe mais do que qualquer outra. – Essas três religiões chinesas, das quais a mais difundida, o budismo, se mantém, o que fala em seu favor, sem nenhuma proteção do Estado e puramente por meio das próprias forças, estão longe de conflitar umas com as outras, existindo, ao contrário, lado a lado de maneira pacífica, chegando talvez a ter, por meio da influência mútua, uma certa concordância entre si; de modo que é até proverbial dizer que "as três doutrinas são apenas *uma*". O imperador, enquanto tal, serve às três: muitos imperadores, porém, até os dias de hoje, foram especialmente afeitos ao budismo, o que é testemunhado também pela profunda veneração perante o Dalai-Lama e até perante o Teshu-Lama, ao qual conferem inegavelmente a primazia. – Essas três religiões são, em seu conjunto, nem monoteístas, nem politeístas, e, ao menos no que diz respeito ao budismo, tampouco panteístas, uma vez que Buda não tomou por uma teofania este mundo afundado em pecado e sofrimento, cujos entes, sempre à mercê da morte, perduram brevemente consumindo-se uns aos outros. A palavra panteísmo, em geral, contém em si uma contradição, designa um conceito que se autossuspende, o qual, por conseguinte, jamais foi tomado por aqueles que pensam com seriedade senão como uma expressão de gracejo, razão pela qual também jamais ocorreu aos filósofos de espírito rico e pensamento afiado do século passado deixar de chamar Spinoza de ateu pelo fato de ele chamar o mundo de "Deus": muito pelo contrário, a descoberta de que não o era foi preservada aos filósofos de brincadeira de nosso tempo, que não conhecem nada além de palavras, que também se ufanam em certa medida a respeito, falando assim de acosmismo: que brincalhões!

Eu, porém, prefiro aconselhar despretensiosamente a deixar às palavras sua significação, e a, onde se pretende dizer outra coisa, também utilizar outras palavras, isto é, a chamar o mundo de mundo e os deuses de deuses.

Os europeus que se esforçavam por obter conhecimento da situação religiosa da China concentravam-se, como é comum, e como fizeram também gregos e romanos em relações análogas, principalmente em pontos de contato com suas próprias crenças domésticas. Logo, uma vez que em seu modo de pensar o conceito de religião é praticamente identificado com o do teísmo ou ao menos tão próximo deste que não se deixava separar facilmente dele; que, além disso, na Europa, antes que se tivesse um conhecimento mais preciso da Ásia, se espalhou, tendo como finalidade o argumento *e consensu gentium* [a partir do consenso dos povos], a opinião altamente equivocada de que todos os povos do mundo veneravam um único deus e criador, ou ao menos um deus supremo – o que não é diferente do que se atribuíssemos aos chineses a crença de que todos os príncipes do mundo fossem tributários de seu imperador –, e uma vez que eles se encontravam em um país em que viam uma grande quantidade de templos, sacerdotes, mosteiros e a prática frequente de rituais religiosos, partiam da firme pressuposição de que deveria encontrar-se também aqui o teísmo, embora em uma forma deveras exótica. Mas, após terem visto suas esperanças decepcionadas, descobrindo que não se tinha nenhum conceito, nem mesmo palavras para expressar tais coisas, era natural, de acordo com o espírito em que empreendiam suas investigações, que as suas primeiras impressões dessas religiões consistissem mais naquilo que elas *não* continham do que em seu conteúdo positivo – cuja lida, aliás, deve, por muitas razões, ser penosa para as cabeças europeias, a começar, por exemplo, pelo fato de serem educadas no otimismo, enquanto lá, ao contrário, a própria existência é vista como um mal e o mundo como um palco de lamentos, sobre o qual seria melhor não se encontrar; além disso, também devido ao idealismo decididamente essencial tanto ao budismo quanto ao hinduísmo, um ponto de vista que é conhecido na Europa apenas como um paradoxo de certos filósofos anormais, que mal mereceria ser pensado seriamente, mas que na Ásia é incorporado até mesmo à crença popular, uma vez que vale universalmente no Indostão como doutrina de *Maia*, e que também no Tibete, a sede da igreja budista, é promovido de modo altamente popular, exibindo-se em grandes festividades também uma comédia religiosa representando o Dalai-Lama em controvérsia com o diabo supremo: o primeiro defende o idealismo, e este, o realismo, dizendo, entre outras coisas: "Aquilo que é percebido por meio das cinco fontes de todo conhecimento (os sentidos) não é ilusão, e o que ensinais não é verdade". Após um longo debate, a coisa é finalmente decidida nos dados: o realista, isto é, o diabo, perde e é enxotado com escárnio geral.[48] Se observamos essas diferenças fundamentais em todo modo de pensar, torna-se compreensível, até mesmo natural, que os europeus, ao pesquisarem as religiões asiáticas, tenham se atido primeiramente ao ponto de vista negativo, na verdade estranho à coisa, razão pela qual encontramos uma porção de manifestações que se referem a elas, mas que não cultivam absolutamente um conhecimento positivo, e que levam todas, em última instância, a afirmar que o monoteísmo – decerto uma doutrina exclusivamente judaica – é estranho aos budis-

---

48. *Description du Tibet* [Descrição do Tibete], traduzido do chinês para o russo por Bitchourin, e do russo ao francês por Klaproth, Paris 1831, p. 65. – Também no *Asiatic Journal*, new series, vol. 1, p. 15. – Köppen: *Die Lamaische Hierarchie* [*und Kierche*] [A hierarquia e a igreja lamaicas], p. 315. (N.A.)

tas e chineses em geral. Lê-se, por exemplo, nas *Lettres édifiantes* [Cartas edificantes] (edição de 1819, vol. 8, p. 46): "Os budistas, entre os quais a noção da reencarnação é aceita universalmente, são culpados de ateísmo", e nos *Asiatic researches*, vol. 6, p. 225:

> A religião dos birmaneses (isto é, o budismo) caracteriza-os como uma nação que já se encontra muito além da crueza do estado selvagem e que, em todas as atividades da vida, está sob forte influência de opiniões religiosas, mas que, no entanto, não possui qualquer conhecimento de um ser supremo, o criador e mantenedor do mundo. O sistema moral recomendado por suas fábulas, porém, é talvez tão bom quanto qualquer um daqueles pregados pelas doutrinas religiosas dominantes na espécie humana.

– Idem, p. 258: "Os seguidores de Gautama (isto é, de Buda) são, para falar com precisão, ateus". – Ibidem, p. 180: "A seita de Gautama considera altamente ímpia a crença em um ente divino criador do mundo". – Ibidem, p. 268, Buchanan menciona que o *tsarado* ou sacerdote supremo dos budistas em Ava, Atuli, contava, em um escrito sobre sua religião que ele deu a um bispo católico, entre as seis heresias condenáveis, também a doutrina segundo a qual "há um ente que tenha criado o mundo e todas as coisas no mundo, e que seja o único digno de ser cultuado". *Sangermano* relata exatamente o mesmo em sua *Description of the Burmese Empire*, Roma, 1833, p. 81, e encerra a citação das seis heresias graves com as palavras: "O último desses impostores ensinava que havia um ente supremo, o criador do mundo e de todas as coisas nele, e que este seria o único digno de adoração" (*the last of these impostors taught that there exists a Supreme Being, the Creator of the world and all things in it, and that he alone is worthy of adoration*). Também

Colebrooke diz, na p. 236 de seu "*Essay on the philosophy of the Hindus*" [Ensaio sobre a filosofia hindu], o qual pode ser encontrado nos *Transactions of the Royal Asiatic* [*London*] *Society*, vol. 1, também impresso em seus *Miscellaneous essays* [Ensaios mistos]: "As seitas de Jaina e Buda são efetivamente ateias, uma vez que não reconhecem nem um criador do mundo, nem um desígnio supremo que o rege". – O mesmo diz Isaak Jakob Schmidt em suas *Forschungen über Mongolen und Tibeter* [Pesquisas sobre mongóis e tibetanos], p. 180:

> O sistema do budismo não conhece nenhum ente eterno, incriado, único, que exista desde antes do tempo e que tenha criado tudo que há de visível e invisível: essa ideia lhe é totalmente estranha, e não se encontra, nos livros budistas, o mínimo indício dela.

– Não menos vemos o erudito sinólogo *Morrison* esforçar-se, em seu *Chinese dictionary* [Dicionário chinês], Macau, 1815-16, vol. 1, p. 217, por encontrar um indício de um Deus nos dogmas chineses, preparado para interpretar tudo que pareça apontar a tal indício do modo mais favorável possível, mas conceder, ao fim, que nada do tipo pode ser encontrado ali exposto com clareza. Nas p. 260 ss. da mesma obra, por ocasião da explicação das palavras *tung* e *tsing*, isto é, movimento e repouso, sobre as quais se funda a cosmogonia chinesa, ele retoma essa investigação, concluindo-a com as seguintes palavras: "Talvez seja impossível livrar este sistema da acusação de ateísmo". – Também mais recentemente diz *Upham*, em sua *History and doctrine of Buddhism* [História e doutrina do Budismo], Londres, 1829, p. 102: "O budismo apresenta-nos um mundo sem um regente moral, guia ou criador". Também o sinólogo *Neumann* diz, em sua dissertação indicada mais adiante, p. 10 ss.:

Na China, em cuja língua nem os maometanos nem os cristãos encontraram uma palavra sequer para designar o conceito teológico da divindade [...] As palavras Deus, alma, espírito, designando algo independente da matéria que a domina arbitrariamente, não são absolutamente conhecidas pela língua chinesa [...] Essa concepção é tão intimamente mesclada à própria língua que é impossível traduzir o primeiro verso do Gênesis sem grandes circunlocuções para o chinês, de modo que soe efetivamente chinês.

– Justamente por isso, Sir George Staunton publicou em 1848 um livro intitulado: *Investigação sobre a maneira adequada de expressar a palavra* Deus *na tradução da sagrada escritura para o chinês* (*An inquiry into the proper mode of rendering the word God in translating the Sacred Scriptures into the Chinese language*).[F42]

Desejei, por meio desse debate e dessas citações, ao apresentar ao leitor o ponto de vista a partir do qual essas pesquisas ocorreram, explicando com isso a sua relação com seu objeto, introduzir e tornar mais compreensível uma passagem altamente peculiar, cuja comunicação constitui a finalidade da presente rubrica. Pois os europeus na China, pesquisando da maneira e no sentido aqui indicados, orientando suas perguntas sempre para o princípio supremo de todas as coisas, ao poder regente do mundo etc., foram frequentemente levados àquilo que é designado com a palavra *tien* (em inglês: t'hëen). O sentido mais básico dessa palavra é "céu", como também indica Morrison em seu dicionário. Ocorre que, porém, é bastante conhecido que essa palavra também pode ser utilizada em sentido figurado, obtendo assim um sentido metafísico. A explicação para tal encontramos já nas *Lettres édifiantes* [Cartas edificantes] (edição de 1819, vol. 11, p. 461): "*Hing-tien* é o céu material e visível; *Chin-tien* é o céu espiritual e invisível". Também Sonnerat diz, em sua *Reise nach Ostindien und China* [Viagem para a Índia Oriental e China], livro 4, cap. 1:

> Ao verem os jesuítas brigando com os outros missionários para determinar se a palavra *tien* significaria céu ou Deus, os chineses consideraram esses estrangeiros um povo inquieto e perseguiram-nos até Macau.

Em todo caso, os europeus podiam ter nessa palavra a esperança de terem encontrado um indício para a analogia, buscada com tanto afinco, entre a metafísica chinesa e sua própria crença, e foram sem dúvida pesquisas desse tipo que levaram ao resultado que encontramos publicado em uma dissertação intitulada "Chinesische Schöpfungstheorie" [Teoria chinesa da criação], que pode ser encontrada no *Asiatic Journal*, vol. 22, 1826. Acerca do *Tchu-fu-tse* ali mencionado, também chamado de *Tchu-hsi*, chamo à atenção que ele viveu no século XII de nossa contagem e que é o erudito chinês mais famoso de todos por ter reunido e sistematizado o conjunto da sabedoria de seus antecessores. Sua obra é o fundamento da educação chinesa atual e sua autoridade tem o maior peso. Na obra mencionada lê-se, pois, nas p. 41 e 42:

> Pode parecer que a palavra *tien* designe "o maior entre os grandes" ou "acima de tudo que é grande no mundo": no entanto, a indeterminação de sua significação no uso linguístico é incomparavelmente maior do que a da expressão *céu* nas línguas europeias [...]
> Tchu-fu-tse diz: "que no céu haja *uma pessoa* (isto é, um ente sábio) que julga e decide sobre os crimes é algo que não deve ser dito de modo algum; mas, por outro lado, tampouco se pode afirmar que não há nada que exerça um controle supremo sobre essas coisas".
> O mesmo escritor foi questionado acerca do *coração celeste*, se ele seria cognoscível ou não, ao que deu a

resposta: "Não se pode dizer que o espírito da natureza seja destituído de inteligência, mas ele não tem nenhuma semelhança com o pensar humano [...]".

Segundo uma de suas autoridades, *tien* é denominado regente ou soberano (*tshu*) devido ao conceito do poder supremo, e uma outra expressa-se a respeito do seguinte modo: "se o céu (*tien*) não tivesse um espírito dotado de intenção, ocorreria que da vaca nascesse um cavalo e que o pessegueiro carregasse flores de pera". – Por outro lado, é dito que *o espírito celeste é dedutível daquilo que é a vontade da espécie humana*! (O tradutor inglês utilizou-se do ponto de exclamação para expressar seu espanto.)

Reproduzo o texto:

The word t'hëen *would seem to denote "the highest of the great" or "above all what is great on earth": but in practice its vagueness of signification is beyond all comparison greater, than that of the term* Heaven *in European languages.* [...] *Choo-foo-tze tells us that, to affirm, that heaven has a* man *(i.e. a sapient being) there to judge and determine crimes, should not by any means be said; nor, on the other hand, must it be affirmed that there is nothing at all to exercise a supreme control over these things.*

The same author being asked about the heart of heaven, *whether it was intelligent or not, answered: it must not be said that the mind of nature is unintelligent, but it does not resemble the cogitations of man* [...]

According to one of their authorities, t'hëen *is called ruler or sovereign (choo), from the idea of the supreme control, and another expresses himself thus: "had heaven (t'hëen) no designing mind, then it must happen, that the cow might bring forth a horse, and on the peach-tree be produced the blossom of the pear". On the other hand it is said, that* the mind of Heaven is deducible from what is the will of mankind!

A concordância dessa última conclusão com a minha doutrina é tão explícita e surpreendente que, não fosse essa passagem impressa oito anos após a aparição de minha obra, não se estaria errado em afirmar que eu teria tomado meu pensamento fundamental dela. Pois é conhecido que as principais defesas contra novos pensamentos são três: não tomar conhecimento, não deixar valer e, por fim, afirmar que já existiam havia tempos. Ocorre que a independência de meu pensamento fundamental em relação a essa autoridade chinesa é comprovada pelas razões aferidas, pois espero que se acredite em mim quando digo que não possuo conhecimento da língua chinesa e que, consequentemente, não me encontro em condições de criar, a partir de obras originais chinesas, desconhecidas a outros, pensamentos para o uso próprio. Avançando na pesquisa, descobri que a passagem aqui citada é tomada, com grande probabilidade e quase que com certeza, do *Chinesischem Wörterbuch* [Dicionário chinês] de Morrison, onde ela pode ser encontrada sob o símbolo *tien*: falta-me apenas a oportunidade para verificá-lo.[F43] – A *Zeitschrift für historische Theologie* [Revista de teologia histórica] de *Illgen*, vol. 7, 1837, possui um artigo de *Neumann*: "Die Natur- und Religions-Philosophie der Chinesen nach dem Werke des *Tschu-hsi*" [A filosofia da natureza e da religião chinesas segundo a obra de *Tshu-hsi*], no qual aparecem, da p. 60 à 63, passagens que possuem evidentemente uma fonte em comum com aquelas retiradas do *Asiatic Journal* aqui citadas. Ocorre, porém, que são redigidas com a imprecisão de termos tão comum na Alemanha, a qual impede a sua compreensão clara. Nota-se, além disso, que esse tradutor de Tshu-hsi não compreendeu completamente o seu texto, o que não consiste numa reprimenda, considerando-se a enorme dificuldade dessa língua para os europeus e a insuficiência de meios auxiliares para a tradução. No entanto, não obtemos, a partir dela, o esclarecimento desejado. Devemos, por isso, nos consolar com a esperança de que, com a liberalização das relações com a China, algum inglês irá um dia fornecer-nos alguma conclusão mais aproximada e profunda acerca do dogma relatado acima de maneira tão lamentavelmente breve.

Indicação à Ética

As confirmações das demais partes de minha doutrina permanecem, devido às razões fornecidas na introdução, excluídas de minha atual tarefa. No entanto, permito-me fazer, ao fim, uma indicação bastante geral à *ética*.

De há muito reconheceram todos os povos que o mundo possui, além de sua significação física, também uma moral. Mas isso chegou, em toda parte, apenas a uma consciência pouco nítida, a qual, buscando expressar-se, se revestia com um certo número de imagens e mitos. São estas as religiões. Os filósofos, por sua vez, estiveram em todas as épocas empenhados em obter uma compreensão clara da coisa, e a totalidade de seus sistemas, excetuando-se os estritamente materialistas, concordam, apesar de todas as suas demais diferenças, que o mais importante, o unicamente essencial de toda a existência, aquilo de que tudo depende, a sua verdadeira significação, o ponto de virada, o seu ápice (*sit venia verbo* [se me é permitido dizê-lo; segundo Plínio, *Epistulae* 5, 6, 46]) se encontra na moralidade do agir humano. Mas voltam a discordar totalmente acerca do sentido disso, acerca de como se dá, da possibilidade da coisa, e têm um abismo de escuridão diante de si. Disso resulta que pregar moral é fácil, mas que fundamentar a moral, porém, é difícil. Justamente por ser fixado pela consciência moral, esse ponto torna-se a pedra de toque dos sistemas, e exige-se com razão da metafísica que ela seja o suporte da ética: donde surge o difícil problema de comprovar, contra toda experiência, que a ordem física das coisas seja dependente de uma ordem moral e encontrar uma correlação entre a força que, agindo segundo leis naturais eternas, confere existência continuada ao mundo e a moralidade que habita o peito humano. Por isso, até os melhores falharam nesse ponto: *Spinoza* adere ocasionalmente, por meio de sofismas, uma doutrina da virtude ao seu panteísmo fatalista, abandonando, porém, com ainda mais frequência, a moral em maus lençóis. *Kant*, após ter terminado com a razão teórica, deixa surgir como um *deus ex machina* o seu imperativo categórico, extraído de meros conceitos[49], com um dever absoluto, cujo erro tornou-se bastante claro quando *Fichte*, o qual sempre confundiu exagero e êxito, o expandiu, com larguza e morosidade wolffianas, a um sistema completo do *fatalismo moral* em seu *System der Sittenlehre* [Sistema da doutrina moral], apresentando-o de modo mais resumido em seu último panfleto, *Die Wissenschaftslehre im allgemeinen Umrisse* [A doutrina da ciência em seus contornos gerais], 1810.

A partir desse ponto de vista, é inegável que um sistema que coloque a realidade de toda a existência e a raiz do conjunto da natureza na *vontade*, detectando nesta o coração do universo, terá uma grande vantagem a seu favor. Pois ele atinge, trilhando um caminho reto e simples, e até mesmo já tem em mãos, antes de partir à ética, aquilo que os outros buscam atingir somente com desvios longos e sempre enganosos. De fato, esse objetivo é verdadeiramente inatingível, senão por meio da noção de que a força que dirige e age na natureza, que apresenta este mundo intuitivo ao nosso intelecto,

---

49. Veja-se meu escrito premiado *Sobre o fundamento da moral*, § 6. (N.A.)

é idêntica à vontade em nós. Apenas aquela metafísica que *já é ela mesma originalmente ética*, sendo construída a partir de seu próprio material, a vontade, é o suporte efetivo e imediato da ética; razão pela qual eu teria muito mais direito de nomear a minha metafísica de "ética" do que Spinoza, em cujo caso isso soa quase irônico, e de cuja metafísica se poderia afirmar que carrega seu nome como "*lucus a non lucendo*" [chama-se *lucus* (floresta) por nela não ser claro (*lucendo*)], já que só por meio de sofismas ele foi capaz de anexar a moral a um sistema do qual ela jamais seria extraída de maneira consequente: ele também a nega, na maior parte do tempo, com uma audácia revoltante (por exemplo, *Ética* 4, prop. 37, esc. 2). – Atrevo-me a dizer, no geral, que nunca houve um sistema filosófico que fosse tão completamente talhado de *uma só peça* como é o meu, sem lacunas ou remendos. Ele é, como eu disse no prefácio ao mesmo[50], o desdobramento de um único pensamento; com o que o antigo ἁπλοῦς ὁ μῦθος τῆς ἀληθείας ἔφυ [quem tem verdades a dizer expressa-se com simplicidade; Eurípides, *Fenícias* 469] é novamente confirmado. – Além disso, é de se mencionar aqui ainda que liberdade e imputabilidade, esses pilares de toda ética, sem a pressuposição da asseidade[51] da vontade, deixam-se afirmar com palavras, mas não se permitem pensar de modo algum. Quem quiser contestar o que aqui digo deverá primeiramente refutar o axioma já erigido pelos escolásticos: "*operari sequitur esse*" [o que se faz segue daquilo que se é; Pomponazzi, *De animi immortalitate* [Da imortalidade da alma], p. 76] (quer dizer, o agir de cada ente segue de sua constituição), ou comprovar a falsidade de sua consequência: "*unde*

---

50. Schopenhauer refere-se aqui ao prefácio à primeira edição de *O mundo como vontade e representação*. (N.T.)

51. Do latim, *a se* [por si]: "que deriva sua existência de si mesmo". (N.T.)

esse, inde operari" [como a essência é, assim é o agir]. Imputabilidade tem a liberdade; esta, porém, tem por sua vez a originariedade como condição. Pois eu *quero* de acordo com o que *sou*: por isso devo *ser* de acordo com o que *quero*. A asseidade da vontade é, portanto, a primeira condição de uma ética séria, e Spinoza diz com razão: "*Ea res libera dicetur, quae ex sola suae naturae necessitate* existit *et a se sola ad agendum determinatur*". [Deve-se chamar de livre aquilo que existe unicamente a partir da necessidade de sua natureza, sendo determinado em sua ação somente por si mesmo.] (*Ética* 1, definitio 7). Dependência no ser e na essência ligada a liberdade na ação constitui uma contradição. Se Prometeu quisesse repreender suas criaturas imperfeitas por suas ações, estas responderiam, com toda razão: "Nós sempre só pudemos agir segundo o que éramos: pois da constituição flui o agir. Se nosso agir foi ruim, isso se deveu à nossa constituição; ela é obra tua: pune-te a ti próprio".[52] Não é diferente com a indestrutibilidade de nossa verdadeira essência na morte, a qual não pode ser pensada seriamente sem sua asseidade, e também dificilmente sem uma distinção fundamental entre a vontade e o intelecto. O último ponto pertence à minha filosofia; o primeiro, porém, já foi exposto de maneira pormenorizada por Aristóteles (*De caelo* 1, 12 [282a 30]), quando este mostra, em detalhes, que apenas aquilo que é incriado pode ser imperecível e que esses conceitos são condições recíprocas um para o outro: Ταῦτα ἀλλήλοις ἀκολουθεῖ καὶ τό τε ἀγένητον ἄφθαρτον καὶ τὸ ἄφθαρτον ἀγένητον. [...] Τὸ γὰρ γενητὸν καὶ τὸ φθαρτὸν ἀκολουθοῦσιν ἀλλήλοις. [...] Εἰ γενητόν τι, φθαρτὸν ἀνάγκη. (*Haec mutuo se sequuntur atque ingenerabile est incorruptibile et incorruptibile ingenerabile.* [...] *Generabile enim et corruptibile mutuo se sequuntur.* [...]

---

52. Compare-se *Parerga* 1, p. 115 ss. (N.A.)

Si generabile est, et corruptibile esse necesse est.) [Que o incriado seja imperecível e que o imperecível seja incriado seguem-se mutuamente. [...] Pois ser criado e ser perecível seguem-se mutuamente. [...] Se algo é criado, então deve também ser perecível.] Foi esse também o entendimento de todos aqueles dentre os filósofos antigos que pregavam uma imortalidade da alma, e nenhum deles teve a ideia de querer atribuir duração infinita a um ente *criado* de alguma maneira. A controvérsia que ocorre, no interior da Igreja, entre os preexistencialistas, os criacionistas e os traducionistas[53] testemunha sobre o embaraço a que leva a suposição contrária.

Mais além, trata-se de um ponto relacionado com a ética quando falamos do otimismo de todos os sistemas filosóficos, o qual não pode de modo algum faltar em nenhum deles: pois o mundo quer ouvir que é louvável e excelente, e os filósofos querem agradar ao mundo. Comigo é diferente: eu vi o que agrada ao mundo, e por isso mesmo não me afastarei um passo sequer do caminho da verdade para agradar-lhe. Também nesse ponto, portanto, o meu sistema afasta-se dos restantes e permanece isolado. Mas depois de estes terem, em conjunto, terminado suas demonstrações, acompanhadas da canção sobre o melhor dos mundos, surge, por fim, por detrás do sistema, como um vingador tardio da injustiça, como um espírito saído da tumba, como o hóspede pétreo de *Don Juan*, a pergunta pela origem dos males, dos monstruosos, inomináveis males, da miséria terrível e avassaladora que há no mundo – e eles calam, ou então não têm nada além de palavras vazias e ressonantes para quitar um débito pesado como

---

53. Os preexistencialistas defendiam que todas as almas teriam sido criadas muito antes de penetrarem os corpos; os criacionistas, por sua vez, que a alma seria criada por Deus no instante da concepção da criança; já os traducionistas (do latim *tradux*, "broto") acreditavam que a alma passaria do pai ao corpo do recém-nascido por meio do sêmen. (N.T.)

esse. Se, por outro lado, a existência dos males está, já no fundamento do sistema, entretecida com a do mundo, então não é preciso temer esse fantasma; assim como uma criança vacinada não precisa temer a varíola. E é justamente esse o caso quando a liberdade é posta no *esse* [ser], em vez de no *operari* [agir], para que então o mal, os males e o mundo dele emerjam. – Além do mais, é conveniente que, enquanto homem sério, eu me permita falar apenas de coisas que realmente conheça, e que utilize apenas palavras às quais eu tenha ligado um sentido bastante preciso; uma vez que somente a alguém assim é possível se comunicar com os outros com segurança, tendo *Vauvenargues* total razão ao dizer: "*La clarité est la bonne foi des philosophes.*" [A clareza confere boa-fé aos filósofos; *Réflexions et maximes* [Reflexões e máximas], 729.] Quando eu digo, portanto, "vontade, vontade para a vida", não se trata com isso de um *ens rationis* [ente de razão] nem de uma hipóstase de minha autoria, nem tampouco de uma palavra de significação incerta, oscilante; pelo contrário, indico, a quem me pergunta o que é essa vontade, o seu próprio interior, onde ele a encontrará em sua completude, com uma grandeza colossal, como um verdadeiro *ens realissimum* [ente realíssimo]. Não expliquei, portanto, o mundo a partir do desconhecido; mas muito mais a partir daquilo que há de mais conhecido e que nos é conhecido de uma maneira totalmente distinta de todo o resto. – No que tange, finalmente, ao paradoxo de que foram acusados os resultados ascéticos de minha ética, com o qual até mesmo *Jean Paul* – este que, no mais, possui um juízo tão favorável sobre mim – se sensibilizou, pelo qual também o sr. *Rätze* (ignorante de que contra mim o único método aplicável é o do ostracismo) foi impelido a escrever em 1820 um livro bem-intencionado contra mim, e que desde então se tornou o tema perene da crítica à minha filosofia, quanto a tudo isso peço que se considere que algo assim só pode ser chamado de paradoxo neste canto noroeste do antigo continente, e mesmo aqui apenas em países protestantes; em toda a Ásia, por outro lado, em toda parte em que o abominável Islã ainda não suplantou com fogo e espada as antigas e profundas religiões da humanidade, a acusação a ser temida seria muito antes a de trivialidade.[54] Eu me consolo, portanto, com o fato de minha ética ser totalmente ortodoxa em relação ao Upanixade dos Vedas sagrados, assim como em relação à religião de Buda, que conta entre as principais religiões do mundo, tampouco estando em contradição com o antigo e autêntico cristianismo. Contra todas as outras acusações de heresia, porém, encontro-me blindado e revestido de uma armadura triplamente reforçada.

---

54. Quem quer ser brevemente educado nisso, e ainda assim de maneira plena, deverá ler o excelente escrito do finado pastor *Bochinger*: *La vie contemplative, ascétique et monastique chez les Indous et chez les peuples Bouddhistes* [A vida contemplativa, ascética e monástica entre os hindus e entre os povos budistas], Estrasburgo, 1831. (N.A.)

Conclusão

Às confirmações, certamente notáveis, listadas nesta dissertação, fornecidas pelas ciências empíricas à minha doutrina desde seu surgimento, embora independentemente desta, somam-se sem dúvida ainda muitas outras que não chegaram a meu conhecimento: pois vê-se quão mínima é a parte da literatura científica, empreendida tão ativamente em todas as línguas, para cujo conhecimento bastam o tempo, a oportunidade e a paciência do indivíduo. Mas já o que foi aqui comunicado confere-me a confiança de que vem chegando o tempo de minha filosofia, e observo, com uma alegria estimulante, como, com o passar dos anos, as ciências empíricas aparecem gradualmente como testemunhas insuspeitas de uma doutrina em relação à qual os "filósofos de profissão" (essa nomenclatura característica, que alguns integrantes da "indústria filosófica" chegam a conferir a si próprios ingenuamente) observaram, durante dezessete anos, um silêncio diplomático, inquebrável, deixando a Jean Paul, o qual não se envolvia com sua política, a tarefa de falar dela.[55] Pois louvá-la pode ter lhes parecido capcioso; criticá-la, porém, após uma consideração mais aproximada, não deve ter lhes parecido tão seguro; e tampouco

---

55. *Nachschule zur ästhetischen Vorschule* [Estudos complementares à pré-escola estética.] – O trecho acima refere-se a 1835, à época da primeira edição deste ensaio. (N.A.)

deve ter lhes parecido necessário tornar conhecido ao público que não participa "na profissão e na indústria" que é possível filosofar com grande seriedade sem ser nem incompreensível, nem tedioso: para que, então, deveriam eles se comprometer com tal doutrina, já que calando ninguém se entrega, utilizando-se assim do tão estimado método segregacional como um meio confiável contra o mérito, de modo que logo se convencionou que, dadas as condições do tempo, essa filosofia não se qualificaria para ser lecionada na cátedra, o que, porém, segundo sua opinião mais sincera, é a finalidade verdadeira e última de toda filosofia – e creem nisso com tanta intensidade e certeza que, se a verdade nua e crua descesse diretamente das alturas do Olimpo, mas se, no entanto, aquilo que ela trouxesse não parecesse corresponder às exigências surgidas das condições atuais do tempo nem às finalidades das grandes autoridades, então os senhores "da profissão e da indústria" tampouco perderiam tempo algum com essa ninfa indecente, mas, ao contrário, afastá-la-iam apressadamente de volta ao Olimpo com palavras brandas, para então pôr três dedos sobre a boca e retornar imperturbados aos seus compêndios. Pois é certo que aquele que corteja essa beleza nua, essa sereia encantadora, essa noiva sem dote deverá renunciar à felicidade de ser um filósofo estatal ou catedrático. Ele será, no máximo, um filósofo de edícula. Mas em compensação ele terá, no lugar de um público de estudantes sedentos por um ganha-pão, um que seja composto de raros e seletos entes pensantes, isolados, que aparecem dispersos de maneira escassa em meio à multidão inumerável ao longo do tempo, quase como aberrações da natureza. E, a distância, vê-se o aceno de uma posteridade grata. Mas aqueles que são capazes de imaginar que quem tiver mirado o semblante da verdade poderá deixá-la, renegá-la, desfigurá-la, somente para obter seu aplauso prostituído, ou seus postos, ou seu dinheiro, ou até mesmo seus títulos aristocráticos, não devem ter nenhuma noção de quão bela, quão amável é a verdade, da felicidade que há na perseguição de seu rastro, da delícia que se encontra em sua fruição. Não, melhor seria polir lentes como Spinoza ou carregar água como Cleantes. Eles podem, portanto, mantê-la tão afastada quanto quiserem: a verdade jamais se tornará outra apenas para agradar à "indústria". É fato que a filosofia de intenções sérias não cabe nas universidades, onde as ciências se encontram sob custódia do Estado. Talvez, porém, ela seja levada a compor parte das ciências ocultas; enquanto a sua variedade degenerada, essa *"ancilla theologiae"* [criada da teologia] das universidades, essa cópia ruim da escolástica, cujo critério supremo de verdade filosófica é o catecismo da religião local, ressoará tanto mais alto nos auditórios. – "*You that way; we this way*"[56] (Shakespeare, *Trabalhos de amor perdidos*, final [5, 2]).

---

56. Vós para lá; nós para cá. (N.A.)

NOTAS[57]

F 1 E a enfatuação chegou ao grau de se supor com toda seriedade que a chave do mistério da essência e da existência deste admirável e misterioso mundo tenha sido encontrada nas deploráveis *afinidades químicas*! – A ilusão dos alquimistas, que buscavam a pedra filosofal e apenas desejavam fazer ouro, era realmente uma ninharia perto da ilusão de nossos químicos *fisiológicos*.

F 2 *Aut catechismus aut materialismus* [Ou catequismo ou materialismo] é o seu mote.

F 3 Também lá irão encontrar pessoas que gostam de se debater com palavras estranhas apanhadas no ar e que não compreendem, exatamente como *eles*, quando eles, por exemplo, falam com gosto do "*Idealismo*" sem saber o que isso significa, utilizando, na maioria dos casos, essa palavra no lugar de espiritualismo (o qual, enquanto realismo, é o oposto do idealismo), como é possível verificar às centenas em livros e revistas de críticas acadêmicas; juntamente com *quid-pro-quos* semelhantes.

F 4 Deve-se mostrar-lhes em toda parte que sua crença não possui crédito.

---

57. As notas aqui apresentadas incluem complementos anotados por Schopenhauer em sua cópia pessoal da segunda edição do texto. As notas marcadas com um "F" são complementos incluídos na edição das obras completas de Schopenhauer realizada por Julius Frauenstädt em 1873-1874. As notas marcadas com um "L" são anotações que Schopenhauer realizou à margem do texto, nessa mesma cópia pessoal. (N.T.)

F 5 Pois nada é dado na filosofia por meio de revelações – razão pela qual o filósofo deve ser, acima de tudo, um descrente.

F 6 Um sempre dá razão ao outro, e um público simplório acredita, ao fim, que eles têm de fato razão.

F 7 Ainda assim, por Zeus, deve-se ensinar a todos esses senhores, tanto da França como da Alemanha, que a filosofia existe para algo diferente do que fazer voz com o pároco. Acima de tudo, porém, precisamos fazê-los notar do modo mais claro possível que nós *não cremos em sua crença* – donde segue o tipo de consideração que temos por eles.

F 8 O tempo é a condição de *possibilidade* da sucessão, uma vez que esta não poderia ocorrer nem ser por nós compreendida e designada por palavras sem ele. Da mesma maneira, também o espaço é a condição de *possibilidade* da coexistência, e a comprovação de que essas condições estão metidas na estrutura de nossa cabeça constitui a estética transcendental.

F 9 Derivar o espaço dos corpos nele é mais ou menos como derivar o sal do bacalhau.

F 10 Já *Newton*, no escólio à oitava das definições que se encontram no ápice de seus *"Principia"* (p. 12), distingue corretamente o tempo *absoluto*, isto é, *vazio*, do preenchido ou relativo, assim como o espaço absoluto e relativo. Ele diz (p. 11):

Tempus, spatium, locum, motum, ut omnibus notissima, non definio. Notandum tamen, quod vulgus (isto é, os professores de filosofia como aqueles dos quais tratamos agora) *quantitates hasce non aliter quam ex relatione ad sensibilia concipiat. Et inde oriuntur praeiudicia quaedam, quibus tollendis convenit easdem in absolutas et relativas, veras et apparentes, mathematicas et vulgares distingui.* [Eu não definirei tempo, espaço, lugar e movimento, uma vez que são conhecidos a todos. Mas é de se notar, no entanto, que o vulgo não apreende essas grandezas senão a partir de suas relações com as coisas sensíveis. E daqui surgem certos preconceitos, cujo afastamento exige a divisão dessas grandezas em absolutas e relativas, verdadeiras e aparentes, matemáticas e empíricas.]

E em seguida (p. 12):

I. Tempus absolutum, verum et mathematicum, in se et natura sua sine relatione ad externum quodvis, aequabiliter fluit, alioque nomine dictur Duratio: relativum, apparens et vulgare est sensibilis et externa quaevis Durationis per motum mensura (seu accurata seu inaequabilis), qua vulgus vice veri temporis utitur; ut Hora, Dies, Mensis, Annus. [O tempo absoluto, verdadeiro e matemático é aquele que decorre, em si e segundo sua natureza, de modo uniforme, sem relação com qualquer coisa externa, e que se chama também duração: o tempo relativo, aparente e empírico é toda medida perceptível e externa da duração por meio de movimento (quer seja exata ou aproximada), o qual serve ao vulgo no lugar do tempo verdadeiro, por exemplo, como hora, dia, mês, ano.]

II. Spatium absolutum, natura sua sine relatione ad externum quodvis, semper manet similare et immobile: relativum est spatii huius mensura seu dimensio quaelibet mobilis, quae a sensibus nostris per situm suum ad corpora definitur et a vulgo pro spatio immobili usurpatur: uti dimensio spatii subterranei, aerei vel caelestis definita per situm suum ad terram. [O espaço absoluto constitui-se, segundo sua natureza, sem relação com qualquer coisa externa e permanece sempre uniforme e inamovível: o espaço relativo é a medida desse espaço, isto é, toda distância cambiável que é determinada por nossos sentidos de acordo com sua posição em relação aos corpos e que é utilizada pelo vulgo no lugar do espaço inamovível: como quando se determina a extensão do espaço sob a terra, no ar ou no céu de acordo com sua posição relativa ao solo.]

Mas também Newton não teve a ideia de perguntar-se de onde viriam esses dois entes infinitos, espaço e tempo, uma vez que eles, como ele insiste aqui, não sendo evidentes, ainda assim nos são conhecidos, e tão bem conhecidos que sabemos indicar sua constituição e legislação até nos mais mínimos detalhes.

F 11 Pois Kant desvelou a terrível verdade de que filosofia deve ser algo completamente distinto de *mitologia judaica*.

F 12 *Michelet*, no artigo *sobre mim* do *Philosophisches Journal* [Periódico filosófico] de 1855, no terceiro ou quarto número

[*Zeitschrift für Philosophie und philosophische Kritik* [Revista de filosofia e crítica filosófica] de Fichte, vol. 27, número 1 e 2], coloca, na p. 44, a famosa pergunta de Kant: "Como são possíveis os juízos sintéticos a priori?" e segue: "A resposta *afirmativa* a essa pergunta" etc.; com o que ele demonstra não possuir a mínima noção do sentido da pergunta, uma vez que ela não dá ocasião nem para afirmar, nem para negar, mas diz: "*Como é possível* que sejamos capazes de fazer juízos apodíticos acerca de tudo que diz respeito a tempo, espaço e causalidade *enquanto tais* antes de toda experiência?". O comentário a essa *vergonhosa ignorância* de Michelet é dado em uma passagem dos últimos volumes do jornal hegeliano, onde ele diz que, desde que Kant fez essa pergunta, todos os filósofos estariam *procurando por* juízos sintéticos a priori! Uma tal ignorância no ABC da filosofia merece cassação.

F   13 O mesmo resenhista (Von Reichlin-Meldegg), no número de agosto dos *Heidelberger Jahrbücher* [Anais de Heidelberg] de 1855, p. 579, expondo as doutrinas dos filósofos sobre Deus, diz: "Em Kant, Deus é uma coisa em si incognoscível". Em sua resenha da "Correspondência" de Frauenstädt, nos *Heidelberger Jahrbücher* de 1855, maio ou junho, ele diz que não há nenhum conhecimento a priori.

F   14 "*Potius de rebus ipsis iudicare debemus, quam pro magno habere, de hominibus quid quisque senserit scire*" [Deveríamos julgar mais as coisas mesmas do que dar valor ao conhecimento das opiniões que cada um venha a ter tido sobre a humanidade], diz *Agostinho* (*A cidade de Deus*, livro 19, cap. 3). – No estado de coisas atual o curso de filosofia torna-se uma barraca de quinquilharias cheia de opiniões antigas, já há muito abandonadas e recusadas, das quais até hoje ainda se bate a poeira duas vezes por ano.

L   1 A totalidade das *ciências naturais* tem a desvantagem insuperável de apreender a natureza exclusivamente pelo lado *objetivo*, sem se preocupar com o *subjetivo*. É aqui, porém, que se encontra necessariamente o elemento principal: ele cabe à filosofia.

F 15 Isso foi escrito em 1836 – desde então a *Edinburgh Review* afundou e não é mais o que costumava ser: apareceram-me ali até mesmo sermões religiosos de cunho vulgar.

L 2 Flourens demonstrou que o cerebelo é o *regulador* dos movimentos: mas o cérebro também o é, em um sentido mais amplo; nele apresentam-se os motivos que determinam a vontade de acordo com o seu caráter: o próprio cérebro realiza, portanto, as resoluções, e somente a circunstancialidade dessas resoluções é guiada pelo cerebelo: desse modo, este está para o cérebro como o oficial subalterno está para o general. É meu olho que vê: mas para ver, ele necessita de *luz*. O mesmo ocorre com a vontade que guia minha *ação*: ela pode fazê-lo somente se mediada pela cognição, a qual é uma função essencialmente cerebral; é por isso que as resoluções singulares da vontade partem do cérebro. – O cérebro não é (como o quer Flourens) a morada da vontade, mas somente do *arbítrio*, quer dizer, ele é o local da deliberação, a oficina das decisões, o campo de batalha dos motivos, dos quais o mais forte *finaliter* [por fim] determina a vontade, ao expulsar os outros para tomar as rédeas em mãos, por assim dizer. Esse motivo, porém, não é objetivo, mas apenas subjetivo, isto é, o mais forte para a vontade aqui reinante. Imaginem-se duas pessoas dotadas das mesmas capacidades intelectuais e da mesma formação, mas de caracteres altamente distintos, ou mesmo opostos, em uma situação exatamente igual. Nesse caso, os motivos são os mesmos, e até mesmo a deliberação (isto é, a sua *comparação*) é essencialmente idêntica, pois trata-se de um trabalho do intelecto – dito objetivamente: do cérebro. Mas a ação resultará em um totalmente contrária à do outro; aquilo que evoca essa diferença, ao agir decisivamente somente aqui, *é a vontade*. Somente ela movimenta os membros; não os motivos. Sua morada não é o cérebro, mas a pessoa como um todo enquanto sua mera aparição, isto é, sua objetivação intuitiva. – Em suma: o cérebro não é a morada da vontade, mas somente dos atos da vontade motivados – ou do arbítrio.

F 16 Especialmente no caso das secreções, não se pode negar a existência de uma certa escolha e, consequentemente, de um *arbítrio* do órgão adequado para excretar cada uma, o qual deve até mesmo estar apoiado sobre uma certa percepção sensível opaca, graças à qual cada órgão de secreção toma do mesmo sangue somente a secreção que lhe é própria e mais nada; isto é, o fígado absorve do sangue que passar por ele somente a bile, enviando adiante o resto do sangue, assim como a glândula salivar e o pâncreas absorvem apenas saliva, os rins somente urina, os testículos somente esperma etc. Pode-se, com isso, comparar os órgãos de secreção com reses distintas que pastam no mesmo gramado, cada uma arrancando dele somente a erva que corresponda ao *seu* apetite.

F 17 O *Matsya Purana* deixa os quatro rostos de *Brahma* surgirem do mesmo modo, a saber, quando ele, na *Satarupa*, apaixonando-se, encarou petrificado a sua filha; ela, no entanto, desviou-se do olhar com um passo para o lado, ao que ele, envergonhando-se, não mais quis seguir seu movimento, o que fez com que crescesse nele um rosto voltado para esse lado, desviando-se ela novamente, e assim por diante, até que ele ficasse com quatro rostos (*Asiatic Researches*, vol. 6, p. 473).

F 18 Já Sócrates apresenta-a de maneira detalhada em *Xenofonte* (*Memorabilia* 1, 4).

F 19 Eu vi um *colibri* (*Zooplastisches Kabinett* [Gabinete zooplástico], 1860) cujo bico era tão longo quanto o pássaro inteiro, cabeça e cauda inclusos. Com certeza esse colibri precisava buscar seu alimento em alguma profundeza, mesmo que fosse somente uma flor profunda (Cuvier: *Anatomie comparée* [Anatomia comparada], vol. 4, I, p. 374), pois, se não fosse necessário, ele não se utilizaria de tal bico incômodo, poupando-se das dificuldades por ele causadas.

F 20 Com o pressentimento dessa verdade, Richard Owen concluiu corretamente, já em 1842, após ter examinado os muitos e em parte enormes fósseis de marsupiais australianos, igualando-se ao rinoceronte em tamanho, que deveria ter existido também um grande predador que lhes fosse contemporâneo: isso foi comprovado mais tarde, quando ele encontrou, em 1846, uma parte do crânio fossilizado de um predador do tamanho do leão, o qual ele chamou de *Thylacoleo*, isto é, leão de bolsa, uma vez que também se tratava de um marsupial (veja-se a "*Lecture at the Government school of mines*" [Preleção à escola governamental de mineração], de Owen, no artigo "*Palaeontology*" [Paleontologia] do *Times* de 19 de maio de 1860).

F 21 Aliás, a atribuição da posição mais inferior aos roedores, por eles não possuírem nenhum sulco cerebral, ou sulcos muito fracos, parece constituir-se mais de considerações a priori do que a posteriori: ter-se-ia dado ênfase excessiva a esses sulcos. Carneiros e bezerros os têm profundos e numerosos, mas que é o seu entendimento? O castor, porém, sustenta seu impulso artificioso em grande parte com a inteligência: mesmo coelhos demonstram uma inteligência significativa; o belo livro de Leroy: *Lettres philosophiques sur l'intelligence des animaux* [Cartas filosóficas sobre a inteligência dos animais], carta 3, p. 49, trata de temas muito próximos a esse. Até os *ratos* dão provas de uma inteligência altamente extraordinária: exemplos peculiares desta podem ser encontrados reunidos no *Quarterly Review* nº 201, janeiro/março de 1857, em um artigo particular intitulado "*Rats*". – Também entre as aves os predadores são os mais espertos; por isso alguns, especialmente os falcões, deixam-se adestrar a um grau elevado.

F 22 Que principalmente e no geral os negros tenham caído em escravidão é evidentemente uma consequência de eles serem inferiores às outras raças humanas quanto à inteligência – o que, porém, não justifica a coisa.

L 3 Aqui Owen: [*Ostéologie comparée* [Osteologia comparada]], p. 9, "Baleia".

F 23 É por isso que a visão de qualquer forma animal nos oferece uma completude, uma unidade, uma perfeição e uma harmonia rigidamente executadas de todas as suas partes, que repousam tão somente sobre *um* pensamento fundamental, de modo que, ao avistar-se mesmo a forma animal mais bizarra, esta aparecerá, em última instância, àquele que nela se aprofundar, como se fosse a única correta, a única possível, como se não pudesse existir nenhuma outra forma de vida que não justamente aquela. Sobre isso repousa o fundamento mais profundo da expressão "natural" quando a utilizamos para designar que algo é por si só compreensível e não pode ser diferente. Também *Goethe* foi tomado por essa unidade quando a visão dos caramujos marinhos e do caranguejola em Veneza o levou a exclamar: "Que coisa deliciosa, maravilhosa é um ser vivo! Quão adequado à sua situação, quão verdadeiro, quão real!" (*Leben* [Vida], vol. 4, p. 223 [*Viagem à Itália*, 9 de outubro de 1786]). Por isso nenhum artista é capaz de copiar corretamente essa forma sem que tenha feito dela o objeto de seu estudo durante muitos anos, penetrando seu sentido e compreendendo-a: de outro modo, sua obra parecer-se-á com uma montagem: ela possuirá todas as partes; mas faltar-lhe-á o fio que as conecta e mantém unidas, o espírito da coisa, a ideia, que é a objetidade do ato originário da vontade que se apresenta como essa espécie.

F   24 É uma grande verdade, aquela proferida por [Giordano] *Bruno* (*De immenso et innumerabili* [Do imenso e inumerável] 8, 10): "*Ars tractat materiam alienam, natura materiam propriam. Ars circa materiam est; natura interior materiae*". [A arte trabalha um material alheio; a natureza, um material próprio. A arte opõe-se externamente à matéria; a natureza está no interior da matéria.] Ele trata do assunto de modo bem mais detalhado em *Della causa* [*principio et uno*] [Sobre a causa, o princípio e o uno], diálogo 3, p. 252 ss. – Na p. 255 ele explica a *forma substantialis* como sendo a forma de todo produto natural, a qual coincide com a *alma*.

F   25 Assim, conserva-se o dito escolástico: "*Materia appetit formam.*" [A matéria tem apetite por forma; viz. Tomás de Aquino: *Suma teológica* 1, 50, 2, 4].

F   26 Compare-se *O mundo como vontade e representação*, vol. 2, p. 330.

F   27 *Brandis*: *Über Leben und Polarität* [Sobre vida e polaridade], p. 88, diz:

As raízes das plantas que vivem em rochedos buscam a terra fértil e nutritiva nas brechas mais estreitas. As raízes das plantas enrolam-se em torno de um osso nutritivo em densos amontoados. Eu vi uma raiz cujo crescimento continuado na terra era impedido por uma velha sola de sapato: ela se dividiu em fibras tão numerosas quanto havia buracos na sola de sapato, pelos quais antes passava a costura: tão logo, porém, essas fibras superaram o obstáculo, tendo crescido através dos buracos, uniram-se novamente em um único tronco radical.

Na p. 87 ele diz:

Se as observações de Sprengel forem confirmadas, percebem-se (entre as plantas) até mesmo relações de meio para atingir essa finalidade (a fertilização): pois as anteras da *Nigella* inclinam-se para baixo, de modo a depositar o pólen sobre as costas das abelhas; os pistilos, então, inclinam-se da mesma maneira para apanhá-lo das costas das mesmas.

F 28 Pertence a esse assunto também finalmente um debate de tipo totalmente distinto feito pelo acadêmico francês *Babinet* em um artigo sobre as estações do ano no planeta, que se encontra na *Revue des deux mondes* de 15 de janeiro de 1856 e do qual pretendo reproduzir aqui o principal em alemão. A intenção deste é, na verdade, remontar à causa mais imediata o fato conhecido de que os cereais prosperam apenas nos climas que lhes são apropriados.

Se o cereal não precisasse necessariamente definhar no inverno, mas fosse uma planta perene, ele não desabrochraria em espigas e consequentemente não daria nenhuma colheita. Nas terras quentes da África, Ásia e América, onde não há inverno para matar os cereais, a planta segue vivendo como aqui o faz a grama: ela se multiplica por meio de brotamento, permanece sempre verde e não gera espigas nem sementes. – Nos climas frios, por outro lado, o organismo da planta parece pressentir, graças a um milagre incompreensível, a necessidade de passar pelo estado seminal para não perecer na estação fria do ano. (*L'organisme de la plante,* par un inconcevable miracle, *semble pressentir la nécessité de passer par l'état de graine, pour ne pas périr complètement pendant la saison rigoureuse.*) – De modo análogo, nos países tropicais, como por exemplo na Jamaica, apenas aquelas faixas de terra que possuem uma "estação do ano rigorosa", isto é, um tempo em que todas as plantas definham, dão cereais; pois nesse caso, a partir do mesmo pressentimento orgânico (*par le même pressentiment organique*) da estação em que ela deve definhar, a planta apressa-se em desabrochar em sementes para se proliferar.

No fato apresentado pelo autor como um "milagre incompreensível" reconhecemos uma manifestação da vontade da planta em uma potência mais elevada, ao aparecer aqui como a vontade da espécie, de modo análogo aos instintos de certos animais, preparando-se para o futuro, sem ser nisso guiada por uma cognição do mesmo. Vemos aqui a planta dispensar, no clima quente, um artifício dispendioso, ao qual era forçada apenas no clima frio. Também os animais fazem exatamente o mesmo em casos análogos, como as abelhas, das quais Leroy relata em seu excelente livro *Lettres philosophiques sur l'intelligence des animaux* [Cartas filosóficas sobre a inteligência dos animais] (terceira carta, p. 231) que, uma vez trazidas à América do Sul, no primeiro ano recolheram o mel como em sua terra natal, e construíram suas colmeias; quando, porém, foram gradualmente se dando conta de que as plantas aqui florescem o ano todo, interromperam seu trabalho. – O mundo animal fornece um fato análogo ao modo de proliferação do cereal no caso dos *pulgões*, já há muito famosos por sua proliferação anormal. É conhecido que eles se proliferam por dez a doze gerações sem fecundação, por meio de uma anomalia no processo ovovivíparo [no qual a fêmea põe ovos com embriões mais ou menos desenvolvidos; no caso do pulgão, a fêmea pare a cria já viva]. E isso ocorre durante todo o verão; mas no outono surgem os machos, ocorre a cópula e ovos são postos como invernadouro para toda a espécie, uma vez que esta só pode suportar o inverno sob essa forma.

F 29 O mesmo já havia sido dito até por *Copérnico*:

Equidem existimo gravitatem non aliud esse quam appetentiam quandam *naturalem partibus inditam a divina providentia opificis universorum, ut in unitatem integritatemque suam se conferant in formam globi coeuntes. Quam affectionem credibile est etiam soli, lunae ceterisque errantium fulgoribus inesse, ut eius efficacia, in ea, qua se repraesentant, rotunditate permaneant, quae nihilominus multis modis suos efficiunt circuitus.*

[Eu acredito que a gravidade não seja nada além de uma apetência natural, infundida em todas as partes pela providência divina do artífice universal, de modo que anseiam por sua unidade e perfeição ao assumirem uma forma esférica. Esse anseio parece habitar também o sol, a lua e os demais planetas, graças ao qual se mantêm na rotundidade em que se apresentam, apesar dos múltiplos tipos de suas revoluções.]

(Nicolau Copérnico, *Das revoluções das esferas celestes,* livro 1, cap. 9. – Compare-se *Exposition des découvertes de M. le Chevalier Newton* [Exposição das descobertas do sr. Newton] de C. Maclaurin, traduzido do inglês pelo sr. Lavirotte, Paris, 1749, p. 45)

É evidente que *Herschel* notou que, se não quisermos, como *Cartesius* [Descartes], explicar a gravidade por meio de um choque vindo de fora, nos veremos forçados a supor uma vontade intrínseca aos corpos. *Non datur tertium* [Não há uma terceira possibilidade]. "A matéria pode ser movida *somente* por meio de forças *mecânicas*" – é esse o pressuposto velado dos físicos franceses e de seus sucessores alemães que buscam explicar tudo mecanicamente: o magnetismo, a luz etc. – Quem não supõe nenhuma *vontade* nas coisas deve forçosamente explicar, como Cartesius e Lesage, a gravidade por meio de choques externos. Pois há de fato somente a alternativa entre deslocar completamente a origem de todo movimento para uma causa externa, caso em que todo movimento ocorre segundo choques, ou então de supor *no próprio movimentado* um *ímpeto interno*, graças ao qual se move e que denominamos *gravidade*. Não podemos, porém, explicar tal ímpeto interno de outro modo; com efeito, nem mesmo podemos pensá-lo senão como sendo justamente aquilo que a vontade é em nós – com a diferença de que aqui seu direcionamento não resulta tão unilateral, descendendo sempre perpendicularmente (à Terra), como é o caso da gravidade; ao contrário, ele cambia de acordo com as imagens que seu intelecto, até o qual elevou aqui sua receptividade, lhe antepõe, mas ainda assim sempre com a mesma necessidade que ela. Que a essência das forças da natureza inorgânica é idêntica à vontade em nós apresenta-se com completa certeza e como uma verdade comprovada a todos que refletirem seriamente. Que isso pareça paradoxal indica apenas a importância da descoberta.[58]

F 30 Também os químicos franceses dizem, por exemplo: "*Il est évident que les métaux ne sont pas tous également* avides *d'oxygène* [...] *la difficulté de la réduction devait correspondre nécessairement à une* avidité *fort grande du métal pur pour l'oxygène.*" [É evidente que os metais não são todos igualmente ávidos por oxigênio [...] a dificuldade da redução deveria corresponder necessariamente a uma avidez muito grande por oxigênio.] (veja-se Paul de Rémusat: "*La chimie à l'exposition, l'aluminium*" [Exposição da química – o alumínio] na *Revue des deux mondes*, 1855, p. 649).

Já Vanini (*De admirandis naturae* [*reginae deaeque mortalium*] *arcanis* [Dos mistérios admiráveis da rainha e deusa dos mortais, a natureza], p. 170) diz: "*Argentum vivum etiam in aqua conglobatur, quemadmodum et in plumbi scobe etiam: at a scobe non refugit* (isso contra uma opinião de Cardano por ele citada)*, imo ex ea, quantum potest, colligit: quod nequit (scil. colligere), ut censeo,* invitum *relinquit:* natura enim et sua appetit et vorat". [O mercúrio adquire também na água uma forma esférica, assim como no pó de chumbo lixado, mas não se mantém livre do pó lixado; pelo contrário, absorve deste tudo quanto pode; e o que ele não é capaz (de absorver) ele deixa para trás contra sua vontade: pois a natureza é ávida por aquilo que lhe pertence, e devora-o.] Isso é evidentemente mais do que linguístico: ele confere decididamente uma vontade ao mercúrio. E assim se encontrará em toda parte que, quando se retorna em física e química às forças fundamentais e às primeiras propriedades dos corpos não mais dedutíveis, estas são designadas por meio de expressões que pertencem à vontade e às suas manifestações.

---

58. O texto a partir de "A matéria..." é uma anotação feita por Schopenhauer em sua cópia pessoal da segunda edição do texto, a qual não foi incluída por Frauenstädt em sua edição das obras completas do filósofo. (N.T.)

F 31 Quero mencionar apenas *um* escrito bastante recente, que tem a intenção expressa de substanciar que a vontade do *magnetiseur* seja o verdadeiro agente: *Qu'est-ce que le magnétisme?* [O que é o magnetismo?], por Edouard Gromier, Lyon, 1850.

F 32 Mas já o próprio Puységur diz, no ano de 1784: "*Lorsque vous avez magnétisé le malade, votre but était de l'endormir, et vous y avez réussi par le seul acte de votre volonté; c'est de même par un autre acte de volonté que vous le réveillez.*" [Quando se magnetizou o enfermo, a finalidade era adormecê-lo, o que é obtido somente por meio de um ato da própria vontade; e depende igualmente de um ato de vontade que se o desperte.] (Puységur: *Magnétisme animal* [Magnetismo animal], 2ème édition, 1820, "Catéchisme magnétique" [Catecismo magnético], p. 150-171).

L 4 A vontade assume, no *magnetiseur*, um certo caráter de onipotência, e o intelecto, na *sonâmbula*, assume o caráter de onisciência. Com isso ambos se tornam em certa medida *um* indivíduo: a vontade dele domina-a, e o intelecto desta participa nos pensamentos e nas percepções sensíveis dele.

F 33 Tive a sorte de, no ano de 1854, ver aqui as performances extraordinárias desse tipo do sr. *Regazzoni* de Bergamo, nas quais o poder imediato, ou seja, mágico de sua vontade sobre outros era inconfundível e altamente impressionante, e de cuja autenticidade ninguém podia duvidar a não ser aqueles aos quais a natureza tivesse negado toda capacidade para a apreensão de estados patológicos; existem, no entanto, sujeitos desse tipo: deve-se fazer deles juristas, capelães, homens de negócios ou soldados; apenas rogo aos céus que não médicos: pois as consequências seriam nefastas, uma vez que na medicina o diagnóstico é o principal. – Ele era capaz de pôr sua sonâmbula, empaticamente ligada a ele, em *catalepsia* completa; ele podia, por meio de sua mera vontade, sem gestos, derrubá-la para trás quando ela caminhava e ele se colocava atrás dela. Ele podia paralisá-la, pô-la em estados de rigidez, com pupilas dilatadas, completa ausência de sensibilidade e os sinais mais inconfundíveis de um estado totalmente cataléptico. Ele convidou uma senhora do público a tocar piano, para então, pondo-se a quinze passos atrás dela, paralisá-la por meio da vontade com gestos de tal modo que ela não podia seguir tocando. Depois ele a pôs contra uma coluna e a prendeu magicamente a ela, de modo que ela não podia se mover do lugar, apesar do grande esforço que fazia. – *Segundo minha observação*, quase todos os seus números podem ser explicados pelo *isolamento* que ele opera entre *o cérebro e a espinha dorsal*, ou completamente, por meio de que todos os nervos sensíveis e motores são paralisados, constituindo a catalepsia completa, ou a paralisação somente dos nervos *motores*, com o que a sensibilidade permanece, isto é, a cabeça mantém sua consciência, embora repousando sobre um corpo que segundo todas as aparências está morto. A estricnina age do mesmo modo: ela paralisa somente os nervos motores até o tétano completo, que leva à morte por asfixia, deixando, porém, os nervos sensíveis, e consequentemente também a consciência, ilesos. O mesmo faz *Regazzoni* por meio da influência mágica de sua vontade. O instante desse *isolamento* faz-se nitidamente visível em um certo estremecimento específico do paciente. Acerca das façanhas de *Regazzoni* e de sua autenticidade, inconfundível para todos aqueles que não forem totalmente incapazes de apreender a natureza orgânica, recomendo um pequeno escrito francês de L.A.V. Dubourg: *Antoine Regazzoni de Bergame à Francfort sur Main* [Antoine Regazzoni de Bérgamo em Frankfurt am Main], Frankfurt, novembro de 1854, 31 páginas, 8 fascículos.

No *Journal du Magnétisme*, edição de Dupotet, de 25 de agosto de 1856, na resenha de um escrito *De la* catalepsie, *mémoire couronné* [Da catalepsia, memorando premiado], 1856, 4 fascículos, diz o resenhista Morin: "*La plupart des caractères, qui distinguent la* catalepsie, *peuvent être obtenus artificiellement et sans danger sur les sujets magnétiques, et c'est même là un des exercices les plus ordinaires des séances magnétiques*". [A maior parte das características que distinguem a catalepsia podem ser obtidas artificialmente e sem perigo nas pessoas magnetizadas, e isso chega a ser um dos exercícios mais ordinários em sessões magnéticas.]

F   34 Plínio [o velho]: *Historia naturalis* [História natural], livro 30, cap. 3.

L 5 Os jornais ingleses (de por volta do fim de agosto de 1845) contam com grande escárnio, como uma superstição inaudita, que um jovem, o qual sofria havia tempos de uma febre fria (*ague fever*) que sempre retornava, tendo sido tratado em vão por médicos, utilizou-se, seguindo o conselho de uma sábia senhora, do seguinte *antídoto simpático*, ao que se recuperou em seguida – aprisionou uma aranha em uma casca vazia de noz, amarrou-a com um barbante e carregou-a no pescoço: na medida em que a aranha definha, morre e se decompõe, a febre recua. Veja-se Most: *Sympathie* [*Die sympathetischen Mittel und Kurmethoden* [Os antídotos e métodos de cura simpáticos]]. – A seguinte *cura simpática* (compare-se o *Archiv* [*für tierischen Magnetismus*] [Arquivo do magnetismo animal] de Kieser, vol. 5, peça 3, p. 106; vol. 8, peça 3, p. 145-148; e vol. 9) me foi relatada pelo dr. Neef como tendo sido realizada com sucesso diante de seus próprios olhos. Tratava-se de um tumor na mão: este foi friccionado com um ovo até que o local se mostrasse relativamente úmido, ovo este que foi em seguida enterrado em um formigueiro de formigas-de-cupim (formigas grandes e avermelhadas, medindo meia polegada). Já na primeira noite a paciente sentiu um formigar insuportável como que de formigas no local; a partir de então o tumor começou a diminuir, até sumir completamente depois de algum tempo, sem mais retornar.

F 35 No *Times* de 12 de junho de 1855, p. 10, é relatado:

A horse-charmer. – On the voyage to England the ship "Simla" experienced some heavy weather in the Bay of Biscay, in which the horses suffered severely, and some, including a charger of General Scarlett, became unmanageable. A valuable mare was so very bad, that a pistol was got ready to shoot her and to end her misery; when a Russian officer recommended a Cossak prisoner to be sent for, as he was a 'juggler' and could, by charms, cure any malady in a horse. He was sent for, and immediately said he could cure it at once. He was closely watched, but the only thing they could observe him do was to take his sash off and tie a knot in it three several times. However the mare, in a few minutes, got on her feet and began to eat heartily, and rapidly recovered.
[Um encantador de cavalos. – Em viagem para a Inglaterra, o navio *Simla* experimentou mau tempo no golfo de Biscaia,

durante o qual os cavalos sofreram severamente, e alguns, incluindo um cavalo de guerra do general Scarlett, tornaram-se intratáveis. Uma égua valiosa estava tão mal que uma pistola foi preparada para atirar nela e acabar com seu sofrimento; quando um oficial russo recomendou que se chamasse um prisioneiro cossaco, uma vez que este era um "malabarista", e era capaz de, por meio de encantos, curar qualquer doença em um cavalo. Ele foi chamado e disse imediatamente que podia curá-la ali mesmo. Ele foi observado atentamente, mas a única coisa que o viram fazer foi remover seu cinto e fazer três vezes um nó nele. A égua, no entanto, pôs-se de pé em alguns minutos e começou a comer energicamente, recuperando-se de imediato.]

F 36 Já Plínio [*Historia naturalis* [História natural]] fornece, no 28º livro, cap. 6 a 17, uma grande quantidade de curas simpáticas.

F 37 Ibidem, p. 440: "*Addunt Avicennae dictum: 'ad validam alicuius imaginationem cadit camelus*'." [Aduz-se o dito de Avicena: "pensando fortemente em fazê-lo, pode-se fazer cair um camelo".] Ibidem, p. 478, ele fala da amarração, "*fascinatio, ne quis cum muliere coeat*" [um encantamento para que alguém não possa copular com uma mulher], e diz:

Equidem in Germania complures allocutus sum vulgari cognomento necromantistas, qui ingenue confessi sunt se firme satis credere meras fabulas esse opiniones, quae de daemonibus vulgo circumferuntur, aliquid tamen ipsos operari vel vi herbarum commovendo phantasiam vel vi imaginationis et fidei vehementissimae, quam ipsorum nugacissimis confictis excantationibus adhibent ignarae mulieres, quibus persuadent recitatis magna cum devotione aliquibus preculis statim effici fascinum, quare credulae ex intimo cordis effundunt excantationes atque ita, non vi verborum neque caracterum, ut ipsae existimant, sed spiritibus (sc. vitalibus et animalibus; A[rthur] S[chopenhauer]) fascini inferendi percupidis exsufflatis proximos effascinant. Hinc fit, ut ipsi necromantici in causa propria vel aliena, si soli sint operarii, nihil unquam mirabile praestiterint: carent enim fide, quae cuncta operatur.
[Na Alemanha conversei com muitos ditos *necromantistas*, que reconheciam abertamente estarem convencidos com firmeza de que as opiniões acerca de demônios postas em circulação

entre o vulgo eram meras fábulas; que eles, porém, podiam executar algo, fosse excitando a fantasia por meio de certas ervas, fosse também apenas por meio da força da imaginação e de uma crença fortíssima nas fórmulas mágicas altamente ridículas por eles inventadas, quando eles as ensinam a mulheres ignorantes, as quais eles persuadiam de que, com a recitação de certas pequenas preces com grande devoção, o feitiço faria efeito imediatamente; quando estas, então, em sua credulidade, proferem as conjurações, ocorre que aqueles que se encontram em sua proximidade são enfeitiçados, não por meio da força das palavras ou dos caracteres, como creem as mocinhas, mas por meio dos fôlegos (vitais e animais), os quais elas exalam com a forte ânsia de enfeitiçar. A isso se deve o fato de os próprios *necromantici*, quando trabalham sós, jamais realizarem algo de admirável, já que lhes falta a crença, que é a única aí operante.]

F 38 *Der Teufel hat sie's zwar gelehrt;*
Allein der Teufel kann's nicht machen
[Pois o diabo lh'o ensinou;
Apenas não pode fazê-lo]
[Goethe,] *Fausto* [1, verso 2376s.]

F 39 Krusenstern diz:

Uma crença universal na bruxaria, vista por todos os insulares como muito importante, parece-me ter alguma relação com sua religião, pois são apenas os sacerdotes que, segundo dizem, têm poder sobre essa força mágica, embora alguns pertencentes ao povo afirmem possuir o seu segredo, provavelmente para se fazer temíveis e poder extorquir presentes. Essa feitiçaria, que entre eles se chama *kaha*, consiste em matar lentamente alguém contra quem se guarde rancor; vinte dias é o prazo estabelecido para tal. Nisso, age-se do seguinte modo: quem deseja exercer sua vingança por meio da feitiçaria busca obter de alguma maneira a saliva, a urina ou os excrementos de seu inimigo. Mistura-os, então, com um pó, põe a substância misturada em uma bolsa tecida de maneira específica e enterra-a. O segredo mais importante consiste na arte de tecer a bolsa corretamente e na preparação do pó. Assim que a bolsa é enterrada, revelam-se os efeitos naquele sobre o qual está posto o feitiço. Ele adoece, torna-se a cada dia mais débil, perde por fim todas as suas forças e após vinte dias morre certamente. Se, porém, ele tenta afastar a vingança de seu inimigo, comprando sua vida com um porco ou algum outro presente importante, ele pode ser salvo ainda no 19º dia, e, assim que a bolsa é desenterrada, interrompem-se também imediatamente os sintomas da doença. Ele recupera--se aos poucos e está totalmente restituído após alguns dias.

F   40 No dia 4 de agosto de 1856 a inquisição romana promulgou a todos os bispos uma circular que os intimava em nome da Igreja, a trabalhar com todas as forças contra a prática do magnetismo animal. As razões para tal são dadas com uma evidente falta de clareza e indeterminação, ao que se imiscui também uma mentira, transparecendo que o santo ofício não pretende revelar a verdadeira razão. (A circular foi impressa em dezembro de 1856 no *Jornal de Turim*, depois em francês no *Univers* e, de lá, no *Journal des Débats*, 3 de janeiro de 1857.)

F   41 Segundo um registro oficial do *censo* chinês impresso em Pequim, encontrado pelos ingleses que invadiram o Cantão e o palácio do governador chinês no ano de 1857, a China possuía, em 1852, 396 *milhões* de habitantes, os quais podem ser estimados agora, com o crescimento contínuo, em 400 milhões. – Isso reporta o *Moniteur de la flotte*, fim de maio de 1857. – Segundo os registros da missão espiritual russa em Pequim, a contagem oficial da população chinesa de 1842 resultou em 414 687 000 (segundo a *Revue Germanique*).
Conforme as tabelas oficiais publicadas pela nunciatura russa em Pequim, a população resultou, no ano de 1849, em 415 *milhões* (*Postzeitung*, 1858).

L   6 A derrocada do cristianismo aproxima-se visivelmente. Um dia a sabedoria indiana irá certamente se espalhar pela Europa. Pois, considerando-se que a necessidade metafísica é imperiosa, a filosofia, porém, sempre apenas para poucos, a parte da humanidade que é em todo o resto a mais adiantada não pode permanecer uma grande criança no principal. Essa penetração da doutrina upanixade ou também do budismo não começaria, contudo, como em outros tempos ocorreu com o cristianismo, entre as camadas mais inferiores da sociedade, mas nas superiores, razão pela qual essas doutrinas surgirão igualmente em uma forma purificada e livre, na medida do possível, de ingredientes míticos.

F 42 A seguinte manifestação de um marinheiro americano em viagem ao Japão é divertida devido à ingenuidade com que ele pressupõe que a humanidade deva ser composta exclusivamente de judeus. É relatado, no *Times* de 18 de outubro de 1854, que um navio americano sob comando do capitão Burr atracou em Jeddo-Bay [Edo], Japão, registrando-se a sua narração de sua agradável estadia no local. Ao final, lê-se:

He likewise asserts the Japanese to be a nation of atheists, denying the existence of a God and selecting as an object of worship either the spiritual Emperor at Meaco [Quioto]*, or any other Japanese. He was told by the interpreters that formerly their religion was similar to that of China, but that the belief in a supreme Being has latterly been entirely discarded* (há um equívoco aqui) *and they professed to be much shocked at Deejunokee* (um japonês parcialmente americanizado) *declaring his belief in the Deity etc.*

[Ele afirmava, igualmente, que os japoneses seriam uma nação de ateus, negando a existência de um Deus e escolhendo como objeto de culto ou o imperador espiritual de Meaco, ou qualquer outro japonês. Os intérpretes explicaram-lhe que sua religião fora anteriormente similar à chinesa, que, porém, a crença em um ente supremo tinha sido completamente descartada ultimamente, e professavam estar muito chocados com a declaração da crença de Deejunokee na divindade etc.]

F 43 Segundo as cartas de Doß de 26 de fevereiro e de 8 de junho de 1857, as passagens aqui citadas encontram-se no *Chinese Dictionary* de Morrison, Macau, 1815, vol. 1, p. 576, sob o símbolo "t'hëen", numa ordem levemente distinta, mas praticamente nas mesmas palavras. Falta apenas a importante passagem ao final, onde se lê, em seu lugar: "*Heaven makes the mind of mankind its mind; in most ancient discussions respecting Heaven, its mind, or will, was* divined (e não *derived* [derivada]) *from what was the will of mankind*". [O céu torna seu o espírito humano; em discussões muito antigas acerca do céu, seu espírito, ou vontade, é adivinhado a partir daquilo que é a vontade humana.] – Neumann traduziu a passagem para Doß, independentemente de Morrison, lendo-se, neste mesmo final: "O céu é normalmente revelado por meio do coração do povo".

Coleção L&PM POCKET

1100. Hamlet (Mangá) – Shakespeare
1101. A arte da guerra (Mangá) – Sun Tzu
1104. As melhores histórias da Bíblia (vol.1) – A. S. Franchini e Carmen Seganfredo
1105. As melhores histórias da Bíblia (vol.2) – A. S. Franchini e Carmen Seganfredo
1106. Psicologia das massas e análise do eu – Freud
1107. Guerra Civil Espanhola – Helen Graham
1108. A autoestrada do sul e outras histórias – Julio Cortázar
1109. O mistério dos sete relógios – Agatha Christie
1110. Peanuts: Ninguém gosta de mim... (amor) – Charles Schulz
1111. Cadê o bolo? – Mauricio de Sousa
1112. O filósofo ignorante – Voltaire
1113. Totem e tabu – Freud
1114. Filosofia pré-socrática – Catherine Osborne
1115. Desejo de status – Alain de Botton
1118. Passageiro para Frankfurt – Agatha Christie
1120. Kill All Enemies – Melvin Burgess
1121. A morte da sra. McGinty – Agatha Christie
1122. Revolução Russa – S. A. Smith
1123. Até você, Capitu? – Dalton Trevisan
1124. O grande Gatsby (Mangá) – F. S. Fitzgerald
1125. Assim falou Zaratustra (Mangá) – Nietzsche
1126. Peanuts: É para isso que servem os amigos (amizade) – Charles Schulz
1127. (27). Nietzsche – Dorian Astor
1128. Bidu: Hora do banho – Mauricio de Sousa
1129. O melhor do Macanudo Taurino – Santiago
1130. Radicci 30 anos – Iotti
1131. Show de sabores – J.A. Pinheiro Machado
1132. O prazer das palavras – vol. 3 – Cláudio Moreno
1133. Morte na praia – Agatha Christie
1134. O fardo – Agatha Christie
1135. Manifesto do Partido Comunista (Mangá) – Marx & Engels
1136. A metamorfose (Mangá) – Franz Kafka
1137. Por que você não se casou... ainda – Tracy McMillan
1138. Textos autobiográficos – Bukowski
1139. A importância de ser prudente – Oscar Wilde
1140. Sobre a vontade na natureza – Arthur Schopenhauer
1141. Dilbert (8) – Scott Adams
1142. Entre dois amores – Agatha Christie
1143. Cipreste triste – Agatha Christie
1144. Alguém viu uma assombração? – Mauricio de Sousa
1145. Mandela – Elleke Boehmer
1146. Retrato do artista quando jovem – James Joyce
1147. Zadig ou o destino – Voltaire
1148. O contrato social (Mangá) – J.-J. Rousseau
1149. Garfield fenomenal – Jim Davis
1150. A queda da América – Allen Ginsberg
1151. Música na noite & outros ensaios – Aldous Huxley
1152. Poesias inéditas & Poemas dramáticos – Fernando Pessoa
1153. Peanuts: Felicidade é... – Charles M. Schulz
1154. Mate-me por favor – Legs McNeil e Gillian McCain
1155. Assassinato no Expresso Oriente – Agatha Christie
1156. Um punhado de centeio – Agatha Christie
1157. A interpretação dos sonhos (Mangá) – Freud
1158. Peanuts: Você não entende o sentido da vida – Charles M. Schulz
1159. A dinastia Rothschild – Herbert R. Lottman
1160. A Mansão Hollow – Agatha Christie
1161. Nas montanhas da loucura – H.P. Lovecraft
1162. (28). Napoleão Bonaparte – Pascale Fautrier
1163. Um corpo na biblioteca – Agatha Christie
1164. Inovação – Mark Dodgson e David Gann
1165. O que toda mulher deve saber sobre os homens: a afetividade masculina – Walter Riso
1166. O amor está no ar – Mauricio de Sousa
1167. Testemunha de acusação & outras histórias – Agatha Christie
1168. Etiqueta de bolso – Celia Ribeiro
1169. Poesia reunida (volume 3) – Affonso Romano de Sant'Anna
1170. Emma – Jane Austen
1171. Que seja em segredo – Ana Miranda
1172. Garfield sem apetite – Jim Davis
1173. Garfield: Foi mal... – Jim Davis
1174. Os irmãos Karamázov (Mangá) – Dostoiévski
1175. O Pequeno Príncipe – Antoine de Saint-Exupéry
1176. Peanuts: Ninguém mais tem o espírito aventureiro – Charles M. Schulz
1177. Assim falou Zaratustra – Nietzsche
1178. Morte no Nilo – Agatha Christie
1179. Ê, soneca boa – Mauricio de Sousa
1180. Garfield a todo o vapor – Jim Davis
1181. Em busca do tempo perdido (Mangá) – Proust
1182. Cai o pano: o último caso de Poirot – Agatha Christie
1183. Livro para colorir e relaxar – Livro 1
1184. Para colorir sem parar
1185. Os elefantes não esquecem – Agatha Christie
1186. Teoria da relatividade – Albert Einstein
1187. Compêndio da psicanálise – Freud
1188. Visões de Gerard – Jack Kerouac
1189. Fim de verão – Mohiro Kitoh
1190. Procurando diversão – Mauricio de Sousa
1191. E não sobrou nenhum e outras peças – Agatha Christie
1192. Ansiedade – Daniel Freeman & Jason Freeman
1193. Garfield: pausa para o almoço – Jim Davis
1194. Contos do dia e da noite – Guy de Maupassant

1195. **O melhor de Hagar 7** – Dik Browne
1196.(29).**Lou Andreas-Salomé** – Dorian Astor
1197.(30).**Pasolini** – René de Ceccatty
1198. **O caso do Hotel Bertram** – Agatha Christie
1199. **Crônicas de motel** – Sam Shepard
1200. **Pequena filosofia da paz interior** – Catherine Rambert
1201. **Os sertões** – Euclides da Cunha
1202. **Treze à mesa** – Agatha Christie
1203. **Bíblia** – John Riches
1204. **Anjos** – David Albert Jones
1205. **As tirinhas do Guri de Uruguaiana 1** – Jair Kobe
1206. **Entre aspas (vol.1)** – Fernando Eichenberg
1207. **Escrita** – Andrew Robinson
1208. **O spleen de Paris: pequenos poemas em prosa** – Charles Baudelaire
1209. **Satíricon** – Petrônio
1210. **O avarento** – Molière
1211. **Queimando na água, afogando-se na chama** – Bukowski
1212. **Miscelânea septuagenária: contos e poemas** – Bukowski
1213. **Que filosofar é aprender a morrer e outros ensaios** – Montaigne
1214. **Da amizade e outros ensaios** – Montaigne
1215. **O medo à espreita e outras histórias** – H.P. Lovecraft
1216. **A obra de arte na era de sua reprodutibilidade técnica** – Walter Benjamin
1217. **Sobre a liberdade** – John Stuart Mill
1218. **O segredo de Chimneys** – Agatha Christie
1219. **Morte na rua Hickory** – Agatha Christie
1220. **Ulisses (Mangá)** – James Joyce
1221. **Ateísmo** – Julian Baggini
1222. **Os melhores contos de Katherine Mansfield** – Katherine Mansfield
1223.(31).**Martin Luther King** – Alain Foix
1224. **Millôr Definitivo: uma antologia de *A Bíblia do Caos*** – Millôr Fernandes
1225. **O Clube das Terças-Feiras e outras histórias** – Agatha Christie
1226. **Por que sou tão sábio** – Nietzsche
1227. **Sobre a mentira** – Platão
1228. **Sobre a leitura *seguido do* Depoimento de Céleste Albaret** – Proust
1229. **O homem do terno marrom** – Agatha Christie
1230.(32).**Jimi Hendrix** – Franck Médioni
1231. **Amor e amizade e outras histórias** – Jane Austen
1232. **Lady Susan, Os Watson e Sanditon** – Jane Austen
1233. **Uma breve história da ciência** – William Bynum
1234. **Macunaíma: o herói sem nenhum caráter** – Mário de Andrade
1235. **A máquina do tempo** – H.G. Wells
1236. **O homem invisível** – H.G. Wells
1237. **Os 36 estratagemas: manual secreto da arte da guerra** – Anônimo
1238. **A mina de ouro e outras histórias** – Agatha Christie
1239. **Pic** – Jack Kerouac
1240. **O habitante da escuridão e outros contos** – H.P. Lovecraft
1241. **O chamado de Cthulhu e outros contos** – H.P. Lovecraft
1242. **O melhor de Meu reino por um cavalo!** – Edição de Ivan Pinheiro Machado
1243. **A guerra dos mundos** – H.G. Wells
1244. **O caso da criada perfeita e outras histórias** – Agatha Christie
1245. **Morte por afogamento e outras histórias** – Agatha Christie
1246. **Assassinato no Comitê Central** – Manuel Vázquez Montalbán
1247. **O papai é pop** – Marcos Piangers
1248. **O papai é pop 2** – Marcos Piangers
1249. **A mamãe é rock** – Ana Cardoso
1250. **Paris boêmia** – Dan Franck
1251. **Paris libertária** – Dan Franck
1252. **Paris ocupada** – Dan Franck
1253. **Uma anedota infame** – Dostoiévski
1254. **O último dia de um condenado** – Victor Hugo
1255. **Nem só de caviar vive o homem** – J.M. Simmel
1256. **Amanhã é outro dia** – J.M. Simmel
1257. **Mulherzinhas** – Louisa May Alcott
1258. **Reforma Protestante** – Peter Marshall
1259. **História econômica global** – Robert C. Allen
1260.(33).**Che Guevara** – Alain Foix
1261. **Câncer** – Nicholas James
1262. **Akhenaton** – Agatha Christie
1263. **Aforismos para a sabedoria de vida** – Arthur Schopenhauer
1264. **Uma história do mundo** – David Coimbra
1265. **Ame e não sofra** – Walter Riso
1266. **Desapegue-se!** – Walter Riso
1267. **Os Sousa: Uma família do barulho** – Mauricio de Sousa
1268. **Nico Demo: O rei da travessura** – Mauricio de Sousa
1269. **Testemunha de acusação e outras peças** – Agatha Christie
1270.(34).**Dostoiévski** – Virgil Tanase
1271. **O melhor de Hagar 8** – Dik Browne
1272. **O melhor de Hagar 9** – Dik Browne
1273. **O melhor de Hagar 10** – Dik e Chris Browne
1274. **Considerações sobre o governo representativo** – John Stuart Mill
1275. **O homem Moisés e a religião monoteísta** – Freud
1276. **Inibição, sintoma e medo** – Freud
1277. **Além do princípio de prazer** – Freud
1278. **O direito de dizer não!** – Walter Riso
1279. **A arte de ser flexível** – Walter Riso

1280. **Casados e descasados** – August Strindberg
1281. **Da Terra à Lua** – Júlio Verne
1282. **Minhas galerias e meus pintores** – Kahnweiler
1283. **A arte do romance** – Virginia Woolf
1284. **Teatro completo v. 1: As aves da noite** *seguido de* **O visitante** – Hilda Hilst
1285. **Teatro completo v. 2: O verdugo** *seguido de* **A morte do patriarca** – Hilda Hilst
1286. **Teatro completo v. 3: O rato no muro** *seguido de* **Auto da barca de Camiri** – Hilda Hilst
1287. **Teatro completo v. 4: A empresa** *seguido de* **O novo sistema** – Hilda Hilst
1289. **Fora de mim** – Martha Medeiros
1290. **Divã** – Martha Medeiros
1291. **Sobre a genealogia da moral: um escrito polêmico** – Nietzsche
1292. **A consciência de Zeno** – Italo Svevo
1293. **Células-tronco** – Jonathan Slack
1294. **O fim do ciúme e outros contos** – Proust
1295. **A jangada** – Júlio Verne
1296. **A ilha do dr. Moreau** – H.G. Wells
1297. **Ninho de fidalgos** – Ivan Turguêniev
1298. **Jane Eyre** – Charlotte Brontë
1299. **Sobre gatos** – Bukowski
1300. **Sobre o amor** – Bukowski
1301. **Escrever para não enlouquecer** – Bukowski
1302. **222 receitas** – J. A. Pinheiro Machado
1303. **Reinações de Narizinho** – Monteiro Lobato
1304. **O Saci** – Monteiro Lobato
1305. **Memórias da Emília** – Monteiro Lobato
1306. **O Picapau Amarelo** – Monteiro Lobato
1307. **A reforma da Natureza** – Monteiro Lobato
1308. **Fábulas** *seguido de* **Histórias diversas** – Monteiro Lobato
1309. **Aventuras de Hans Staden** – Monteiro Lobato
1310. **Peter Pan** – Monteiro Lobato
1311. **Dom Quixote das crianças** – Monteiro Lobato
1312. **O Minotauro** – Monteiro Lobato
1313. **Um quarto só seu** – Virginia Woolf
1314. **Sonetos** – Shakespeare
1315(35). **Thoreau** – Marie Berthoumieu e Laura El Makki
1316. **Teoria da arte** – Cynthia Freeland
1317. **A arte da prudência** – Baltasar Gracián
1318. **O louco** *seguido de* **Areia e espuma** – Khalil Gibran
1319. **O profeta** *seguido de* **O jardim do profeta** – Khalil Gibran
1320. **Jesus, o Filho do Homem** – Khalil Gibran
1321. **A luta** – Norman Mailer
1322. **Sobre o sofrimento do mundo e outros ensaios** – Schopenhauer
1323. **Epidemiologia** – Rodolfo Sacacci
1324. **Japão moderno** – Christopher Goto-Jones
1325. **A arte da meditação** – Matthieu Ricard
1326. **O adversário secreto** – Agatha Christie
1327. **Pollyanna** – Eleanor H. Porter
1328. **Espelhos** – Eduardo Galeano
1329. **A Vênus das peles** – Sacher-Masoch
1330. **O 18 de brumário de Luís Bonaparte** – Karl Marx
1331. **Um jogo para os vivos** – Patricia Highsmith
1332. **A tristeza pode esperar** – J.J. Camargo
1333. **Vinte poemas de amor e uma canção desesperada** – Pablo Neruda
1334. **Judaísmo** – Norman Solomon
1335. **Esquizofrenia** – Christopher Frith & Eve Johnstone
1336. **Seis personagens em busca de um autor** – Luigi Pirandello
1337. **A Fazenda dos Animais** – George Orwell
1338. **1984** – George Orwell
1339. **Ubu Rei** – Alfred Jarry
1340. **Sobre bêbados e bebidas** – Bukowski
1341. **Tempestade para os vivos e para os mortos** – Bukowski
1342. **Complicado** – Natsume Ono
1343. **Sobre o livre-arbítrio** – Schopenhauer
1344. **Uma breve história da literatura** – John Sutherland
1345. **Você fica tão sozinho às vezes que até faz sentido** – Bukowski
1346. **Um apartamento em Paris** – Guillaume Musso
1347. **Receitas fáceis e saborosas** – José Antonio Pinheiro Machado
1348. **Por que engordamos** – Gary Taubes
1349. **A fabulosa história do hospital** – Jean-Noël Fabiani
1350. **Voo noturno** *seguido de* **Terra dos homens** – Antoine de Saint-Exupéry
1351. **Doutor Sax** – Jack Kerouac
1352. **O livro do Tao e da virtude** – Lao-Tsé
1353. **Pista negra** – Antonio Manzini
1354. **A chave de vidro** – Dashiell Hammett
1355. **Martin Eden** – Jack London
1356. **Já te disse adeus, e agora, como te esqueço?** – Walter Riso
1357. **A viagem do descobrimento** – Eduardo Bueno
1358. **Náufragos, traficantes e degredados** – Eduardo Bueno
1359. **Retrato do Brasil** – Paulo Prado
1360. **Maravilhosamente imperfeito, escandalosamente feliz** – Walter Riso
1361. **É...** – Millôr Fernandes
1362. **Duas tábuas e uma paixão** – Millôr Fernandes
1363. **Selma e Sinatra** – Martha Medeiros
1364. **Tudo que eu queria te dizer** – Martha Medeiros
1365. **Várias histórias** – Machado de Assis
1366. **A sabedoria do Padre Brown** – G. K. Chesterton
1367. **Capitães do Brasil** – Eduardo Bueno
1368. **O falcão maltês** – Dashiell Hammett
1369. **A arte de estar com a razão** – Arthur Schopenhauer
1370. **A visão dos vencidos** – Miguel León-Portilla

lepmeditores
www.lpm.com.br
o site que conta tudo

IMPRESSÃO:

PALLOTTI
GRÁFICA

Santa Maria - RS | Fone: (55) 3220.4500
www.graficapallotti.com.br